『十三五』國家重點圖書出版規劃項目

北使通錄

（越南後黎朝）黎貴惇 撰
吴松 點校

古絲路漢文行記整理叢刊

董志翹 李勇先 萬明 江慶柏 總主編

第一輯

南京師範大學出版社

圖書在版編目(CIP)數據

北使通錄 /(越)黎貴惇撰;吴松點校. —南京:南京師範大學出版社,2024.1
(古絲路漢文行記整理叢刊/董志翹等總主編)
ISBN 978-7-5651-5046-3

Ⅰ.①北… Ⅱ.①黎… ②吴… Ⅲ.①中越關係-國際關係史-研究-清代 Ⅳ.①D829.333

中國版本圖書館 CIP 數據核字(2021)第 254009 號

書　　名	北使通錄
叢 書 名	古絲路漢文行記整理叢刊
撰　　者	(越南後黎朝)黎貴惇
點　　校	吴　松
封面題簽	王　爲
責任編輯	崔　蘭
出版發行	南京師範大學出版社
地　　址	江蘇省南京市玄武區後宰門西村 9 號(郵編:210016)
電　　話	(025)83598919(總編辦)　83598412(營銷部) 83371351(編輯部)
網　　址	http://press.njnu.edu.cn
電子信箱	nspzbb@njnu.edu.cn
印　　刷	南京愛德印刷有限公司
開　　本	890 毫米×1240 毫米　1/32
印　　張	5.375
插　　頁	8
字　　數	158 千
版　　次	2024 年 1 月第 1 版
印　　次	2024 年 1 月第 1 次印刷
書　　號	ISBN 978-7-5651-5046-3
定　　價	68.00 圓

出 版 人　張　鵬

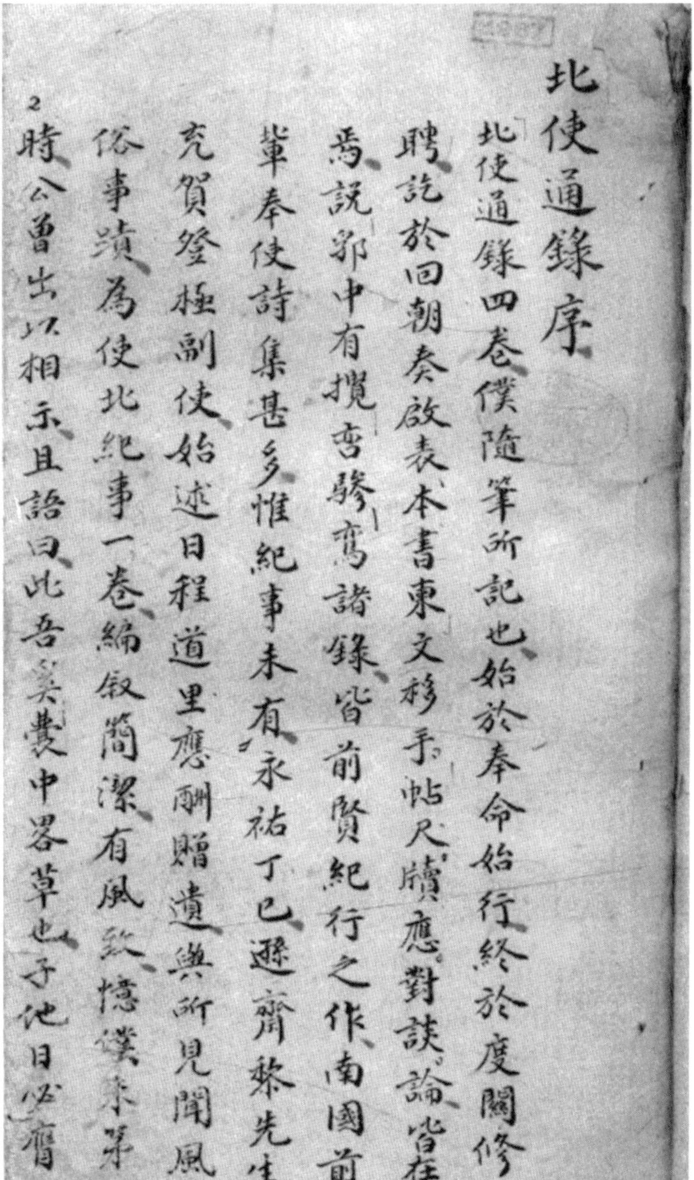

北使通錄序
北使通錄四卷僕隨筆所記也始於奉命始行終於度關修
聘詑於回朝奏啟表本書柬文移手帖尺牘應對談論皆在
焉說郛中有攬轡驂鸞諸錄皆前賢紀行之作南國前
輩奉使詩集甚多惟紀事未有永祐丁巳遯齋黎先生
充賀登極副使始述日程道里應酬贈遺與所見聞風
俗事蹟為使北紀事一卷編敘簡潔有風致憶僕來某
時公曾出以相示且語曰此吾奚囊中畧草也子他日必看

圖 1　越南漢喃研究院藏《北使通錄》序首頁書影

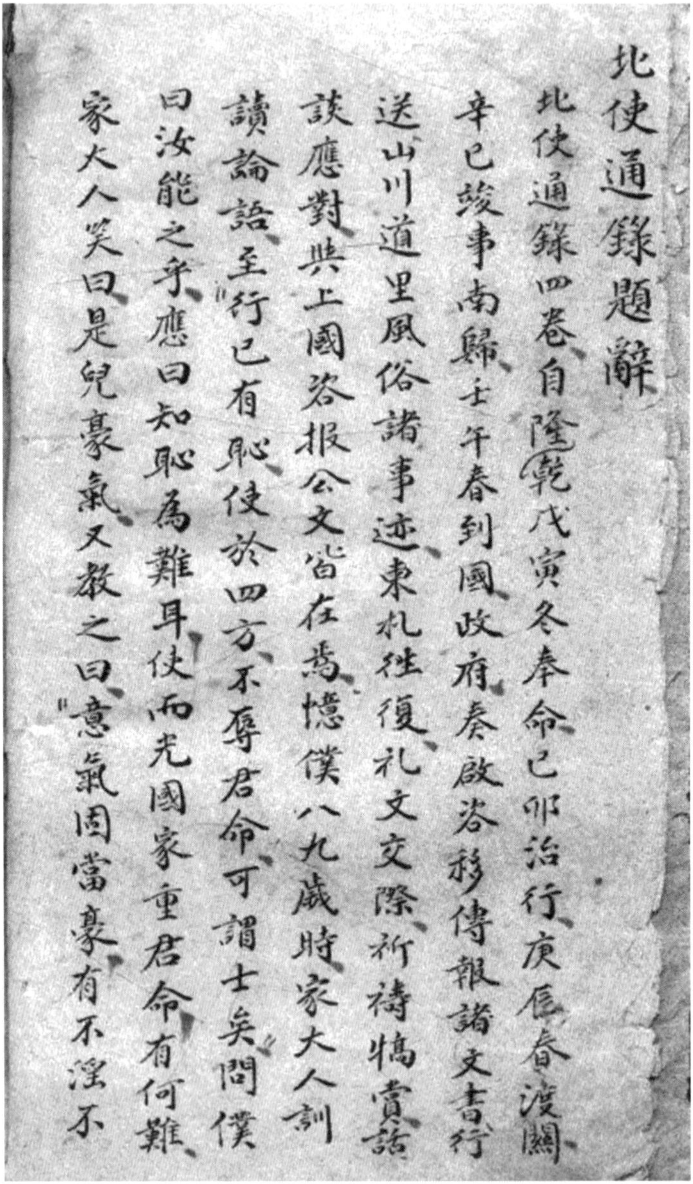

北使通錄題辭

北使通錄四卷自隆乾戊寅冬奉命己卯治行庚辰春渡關辛巳竣事南歸壬午春到國政府奏啟咨移傳報諸文書行送山川道里風俗諸事迹柬札往復礼文交際祈禱犒賞話談應對共上國咨報公文皆在焉憶僕八九歲時家大人訓讀論語至行己有恥使於四方不辱君命可謂士矣問僕曰汝能之乎應曰知恥為難耳使而光國家重君命有何難家大人笑曰是兒豪氣又教之曰意氣固當豪有不淫不

圖 2　越南漢喃研究院藏《北使通錄》題辭首頁書影

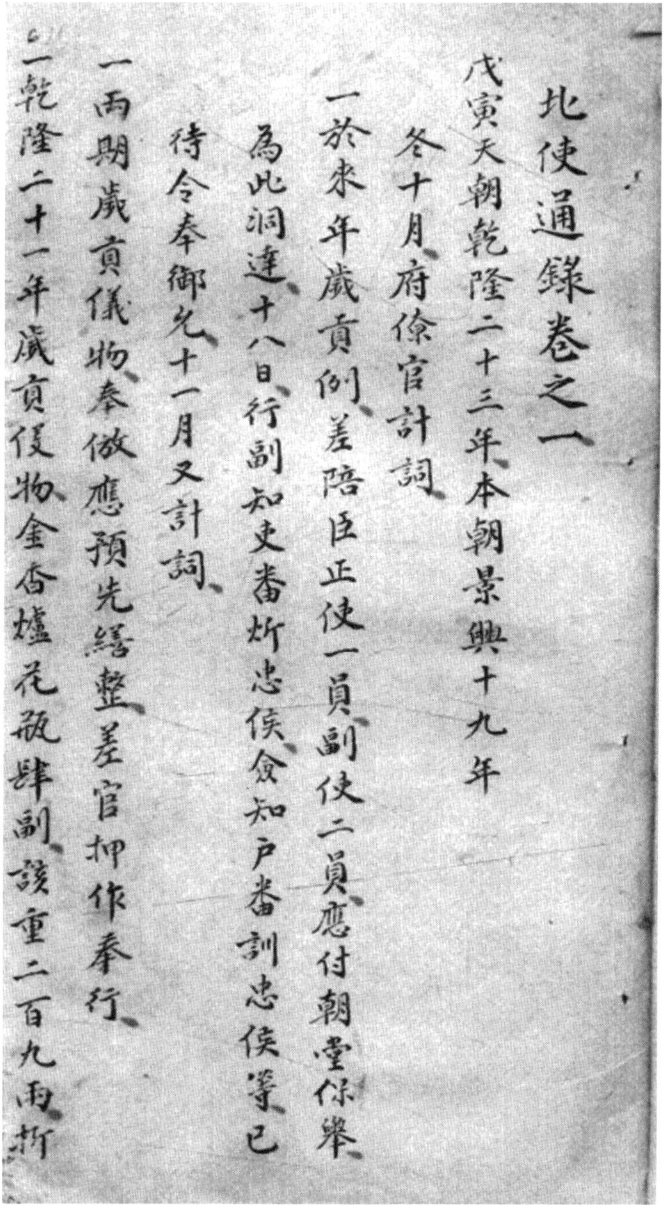

北使通錄卷之一
戊寅天朝乾隆二十三年本朝景興十九年
冬十月府僚官計詞
一於來年歲貢例差陪臣正使一員副使二員應付朝堂保舉
爲此洞達十八日行副知吏番炘忠侯僉知户番訓忠侯等已
待令奉御允十一月又計詞
一兩期歲貢儀物奉做應預先繕整差官押作奉行
一乾隆二十一年歲貢儀物金香爐花瓶肆副該重二百九兩折

圖 3　越南漢喃研究院藏《北使通錄》卷之一首頁書影

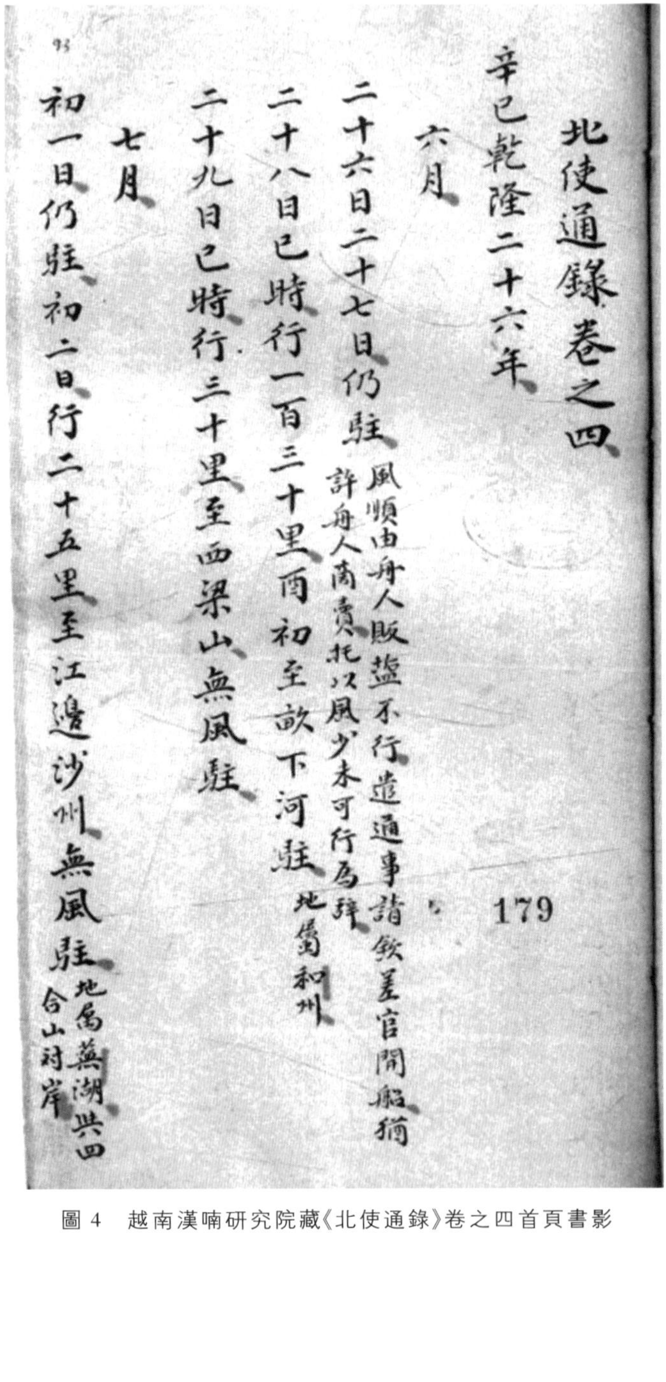

北使通錄卷之四

辛巳乾隆二十六年

六月

二十六日二十七日仍駐風順由舟人販鹽不行遣通事請欽差官開船猶許舟人商賣托以風少未可行爲辞

二十八日巳時行一百三十里酉初至畝下河駐地屬和州

二十九日巳時行三十里至西梁山無風駐

七月

初一日仍駐初二日行二十五里至江邊沙州無風駐地屬蕪湖共四合山対岸

圖 4　越南漢喃研究院藏《北使通錄》卷之四首頁書影

前　言

《北使通錄》一書是越南後黎朝黎貴惇以甲部副使的身份奉命出使清朝時隨筆所記。後黎朝入貢清朝，旅程迢遞，往返經年，後黎朝需要犒賞使團成員，清朝需要全程接待，貢事耗費遠超貢物的價值，雙方均感代價巨大，因此將三年一貢合併爲六年兩貢並舉。這樣每六年出使一次，完成兩次貢事，稱爲甲乙兩部。使團設正使一名，甲部副使一名、乙部副使一名。黎貴惇（1726—1784），字允厚，號桂堂，出身官宦世家，榜眼及第，是越南歷史上著名的學者、政治家。黎貴惇學識淵博、涉獵廣泛、著述頗豐，在《黎貴惇全集》第一集前言部分，越南史學院撰文介紹稱"黎貴惇是越南封建時代最大的博學家"，"是唯一掌握了 18 世紀越南社會可能有的各種知識的學者"。據越南社會科學翰林院漢喃研究所阮氏雪女史賜告，《北使通錄》孤本爲越南漢喃研究院所藏，法國亞洲學會藏有該本的縮微膠片版。該抄本現存 354 頁，高 28 釐米，寬 16 釐米，原有四卷，今僅存第一、第四兩卷，因此這兩卷又標爲上卷、下卷。

本書紀事，始於清乾隆二十三年（1758）十月爲出使做準備，終於乾隆二十七年（1762）正月離開中國。第一卷，從乾隆二十三年（1758）十月至乾隆二十四年（1759）十二月，内容主要是關於出使使從選擇、經費安排、貢品數目、向清朝請求入貢告哀的公文；第四卷記載乾隆二十六年（1761）六月至乾隆二十七年（1762）正月的行程，六月二十八日抵達和州（今安徽和縣）到離境之前，記載了每日所在和所行道里，這一卷内容相對生動，有祭祀山川湖泊神祇、舟人逗留賣私鹽、與欽差秦朝釪筆談、拜會各地長官、遊覽名勝古迹等。如原書《北使通錄·序》所言，此書是"僕隨筆所記也。始於奉命始行，終於度關修聘，訖於回朝，奏啓、表本、書柬、文移、手帖、尺牘、應對、談論皆在焉”。令人惋惜的是，本書第二卷、第三卷無從得見，推其内容，當是記載使團從離開越南，到入京覲見皇帝，及完成朝貢告哀使命后，返程抵達和州的過程。

本書記載了越南方爲入貢所做的準備，是寶貴的備貢細節材料。在使團人員方面，不僅記載了使臣及隨員的選擇與調整，還細緻到了使團成員田祿的敓賜，以及回程之後職位的授予等。在入貢物資方面，强調備貢金銀需要“鑄作精好”“秤稱足數”，一再確認核實貢物、打點物資，以及準備祭祀物品、要求沿途地方提供驛夫、撥錢發給擔夫等。在禮儀方面，則記載了越方給清朝左江道至兩廣總督的表文、咨文等文書，記載了越方對文書字句、服制等問題的高度重視。甚至安排建造餞行之亭都有記載，林林總總，從許多側面反映出準備一次入貢的複雜與艱辛。一些細節，如使臣想要獲取敓賜民祿田祿等恩澤的詔令，每道手續都要公開付錢，似也可以一窺後黎朝的政治。

本書所記從和州至廣西太平府的沿途經歷見聞，主要包含天氣與行程、祭祀各地神靈、拜會行文各地官員、與伴送官筆談以及路途中遇到的困難和見聞，許多材料應可以補史書之不足。欽差伴送官秦朝釪與黎貴惇多次筆談，這部分引起了張京華、阮氏雪等中越學者的關注，他們對筆談中的文化交流、思想碰撞、學術討論有細緻深入的辨析。黎貴惇與秦朝釪、查禮、朱佩蓮及其他官員百姓以文會友，相與酬和辯難，增進了清朝對於越南的了解，同時也使得黎氏揚名中土，是中越文化交往上的一段佳話。書中其他記載對了解當時的社會細節也有裨益。如地名沿革，書中每日均記載所到地點、所行道里，據之我們可以準確了解使臣所行路綫，書中所記的村鎮級的地名，今天仍有許多相同相似的遺留下來。

此次進貢，從乾隆二十三年(1758)十月開始準備。越南使臣此次入朝，一者爲進獻乾隆二十一年(1756)和二十四年(1759)兩次貢期的貢品，二者依循故例，爲剛剛去世的先國王黎懿宗告哀並請求遣使册立新國王，以免另行告哀。使團一行共計 25 人，正使爲陳輝淧，黎貴惇爲甲副使，鄭春澍爲乙副使，行人 9 名，隨人 13 人。乾隆二十五年(1760)正月，使團從越南河内起程，同年臘月初八到達北京。使臣參加了乾隆二十六年(1761)正旦朝賀,並於二十六年三月初一日奉旨回國。黎貴惇年少得志,名揚國内,抱着"往觀上國政治何如、人物何如"想法,自請出使,出使過程中,遇中國接待官員、路過地方官員、熱心士民以及朝鮮國貢使、琉球國貢生,均積極交流,常有詩文唱和,可謂不辱王命、揚名中華。黎貴惇不僅重視外交接洽、一般社交,在出使過程中,還注意包括國子監禮樂文物在内的各類典章制度、積極搜購書籍,重視學習中國舊有文化。作爲越南當世大儒,他也與欽差伴送官秦朝釪、太平知府查禮、廣西學政朱佩蓮有深入的學術探討,促進了中越兩國的學術交流。

全書有很多俗字,具有一定的俗字研究價值。朱佩蓮讀黎貴惇所撰《聖謨賢範錄》後云"其書想係草稿,俗體破體甚多,尚需細校",俗字較多可能是當時越南的社會現象,書末附有短文,對全書俗字現象進行了分析。

卷一文書標題爲整理者所撰,誠未必恰當,期其可助讀者了解概要。書中間有訛誤、奪漏、倒乙等現象,凡有校改之處均加以校語。全書異體字頗多,書末附有正異體字對照表,可供查對。抄本中有三處喃字,幸得越南社會科學翰林院漢喃研究所阮氏雪女史相助錄入翻譯,感荷五内,文責由整理者自負。書中不能通曉之處,則一仍其舊,以俟高明。

目　錄

凡　例

一、本書整理底本

本書整理，以復旦大學文史研究院、越南漢喃研究院合編《越南漢文燕行文獻集成》第四册所收録《北使通録》（復旦大學出版社 2010 年影印越南漢喃研究院藏抄本）爲底本。

二、本書整理體例

1. 書中簡寫字（如报、变、参、称、辞、断、尔、迩、还、号、继、坚、将、据、劳、恋、粮、两、陆、弥、盘、仆、窃、请、穷、势、属、数、双、传、体、隐、争等）徑改爲通用繁體字，異體字類同改。字形變動較大者酌情出校記，此外，書末附主要正異體字對照表供參閲抄本用字。

2. 爲閲讀方便，凡改動原文者皆出校語以述緣由，疑惑不能定者亦列出以俟高明。

3. 原抄本間有校語，凡采信者，均予以説明，示不掠美。

4. 個别文意不能通者，徑依原文，不另作説明。

5. 原抄本單行或雙行小字注今仍用小字。另句首或句中自稱“臣”“生”“僕”時用小字者，爲便於閲讀，改同上下文字號。

6. 原抄本空闕處，今以“□”代之。

7. 凡原抄本用字筆畫欠清晰或古籍印刷通用字庫無者，爲免造字有誤，今用底本字圖代之。

北使通錄序

《北使通錄》四卷，僕隨筆所記也。始於奉命始行，終於度關修聘，訖於回朝，奏啓、表本、書柬、文移、手帖、尺牘、應對、談論皆在焉。《説郛》中有《攬轡》《驂鸞》諸錄[1]，皆前賢紀行之作，南國前輩奉使詩集甚多，惟紀事未有。

永祐丁巳，遜齋黎先生充賀登極副使，始述日程、道里、應酬、贈遺與所見聞風俗事蹟，爲《使北紀事》一卷，編叙簡潔有風致。憶僕未第時，公曾出以相示，且語曰："此吾奚囊中略草也，子他日必膺皇華盛選，其推而廣之，以踵事增華焉。"[2]僕謝不敢，迨□□[3]年叨登朝序，戊寅冬果奉差充副使，庚辰春進關，壬午春回國復命，途中紀錄[4]，不覺成帙，擬歸呈公，而公已騎箕矣，遺恨又何可言！

抑從來文臣專對，常擇五十歲上下，僕承乏行人，年甫踰而立，外頗粗豪自喜，好遊揉[5]陟，感古訪今，到處題咏，見官廳對聯[6]題扇常默記，歸舟抄之，雅蒙中州士大夫以言詞詩章相愛好，故是錄中於塘汛、道里、山川、風景、衙署、聯額、官僚問對爲詳核，又與東國使臣相遇，結縞紵之誼，尺簡往復，僕所撰書二編及與同幹唱酬《瀟湘百咏》、東使爲弁卷併載於此，亦觀風一佳話也。僚友多訪中州事，疲於應答，輒指此錄示之。

景興癸未秋仲，入侍添差翰林院承旨兼秘書閣學士潁城伯桂堂黎貴惇允厚書。

【校勘】

［1］攬、轡、鸞：三字底本作“揽”“[illegible]”“[illegible]”。按：《説郛》卷四一有《驂鸞録》《攬轡録》。

［2］囊、華、選：三字底本作“[illegible]”“[illegible]”“选”。踵：底本作“重”，當是音近而誤，今改。

［3］□□：此處闕字殆爲“壬申”。黎貴惇於後黎朝景興十三年(1752)登壬申科進士，一甲第二名。

［4］紀錄：底本作“紀緑”，當爲形訛，今改。

［5］揉：底本作“[illegible]”，今姑錄之，以備參考。

［6］聯：底本作“[illegible]”。“聯”之異體。下單列底本字圖者皆類此。

北使通錄題辭

《北使通錄》四卷，自乾隆戊寅冬奉命，己卯治行，庚辰春渡關[1]，辛巳竣事南歸，壬午春到國，政府奏啓咨移傳報諸文書，行送山川道里風俗諸事迹，柬札往復、禮文交際、祈禱犒賞、話談應對與上國咨報公文皆在焉。

憶僕八九歲時，家大人訓讀《論語》，至"行己有耻，使於四方，不辱君命，可謂士矣"。問僕曰："汝能之乎？"應曰："知耻爲難耳，使而光國家、重君命，有何難？"家大人笑曰："是兒豪氣。"又教之曰："意氣固當豪，有不淫不屈不移底品格，然亦須婉雅，不可使一片粗率[2]也。"僕應對曰："諾。"叨登第一，七年而奉副使之命，時年甫三十三，家大人喜謂之曰："誦詩三百，今見之寔用矣，勉之。"僕亦介然自許。時先聖王方眷注，深不欲僕遠行，己卯秋諭，滚肥公欲留陪政地，又以問僕，僕跪啓萬謝聖聰栽培之德，臣上戀君、下思親，豈不請留，但念昔人入仕，必須歇歷，三年往返亦不爲久，乞得仍往觀上國政治何如、人物何如。上許之，敚入侍添差，再敚伯爵。

僕臘[3]度南關，□[4]遇查儉堂送詩索和，沿途見中州官僚士大夫，問難談辨[5]，殆如遇敵。又有朝鮮貢使、欽差伴送官，皆一時文豪，不以海外見鄙，累相接語。僕仰仗洪福，文字酬答之間，幸免輕哂，更見稱揚，《群書考辨》《聖謨賢範錄》皆僕三十歲前所作，諸名公愛之不啻拱璧。乃知人心不異,以誠正相待,以文字相知,即四海皆兄弟也。夫古人論奉使以文學則須博洽多聞,以詞命則須婉正得體,然氣自不可不善,蓋内外尊卑勢位殊别,若望風而先餒,與以荒[6]遠自處,簡交寡言,必爲人所鄙薄,而以彝官彝使視之矣[7]。欽差秦岾齋與僕相好,其序《考辨》有一段戒勉,蓋嫌意氣豪逸之過[8],而欲如晏子之志念抑然自下,其寔所謂益友者乎! 每想此文,不覺三歎,謹佩之以當韋[9]弦也。

庚子秋,阮侍講惟絃奉差正使,索觀[10]是編,尋舊篋中得之,漫題數言於篇端。

景興四十一年八月之望,行户番機密事務兼掌財賦右校點義派侯延河桂堂黎貴惇允厚書。

【校勘】

[1] 渡關:底本如此,《北使通錄》序及本題辭下文作"度關""度南關"。

[2] 率:底本作"[illegible]"。

[3] 臘:底本作"臈"。按:此用字似與事實時間不符。使臣春天出發,下文司天監擇使臣啓程時間爲"陪臣官起程用來年正月二十八日甲戌辰時",河内出發至鎮南關不遠,應在春天度關,《桂堂詩彙選》載作者與查禮的唱和,黎貴惇《至寧州登舟答儉堂》云"入畫春光媚,慵吟宿學荒",可以爲證,見《越南漢文燕行文獻集成》第三册第48頁。

[4] □:闕字底本作"卩",字有殘缺,疑爲"即"。

[5] 辨:通"辯"。

[6] 荒:底本作"[illegible]"。

[7] 彝:底本作"彛",此處用如蠻夷之"夷",下文同。

[8] 段:底本作"叚"。過:底本作"過"。

[9] 韋:底本作"韋"。

[10] 觀:底本作"覌"。

北使通錄卷上[1]

一、府僚官計應選使臣備貢物[2]

戊寅天朝乾隆二十三年、本朝景興十九年

冬十月,府僚官計詞,於來年歲貢,例差陪臣正使一員、副使二員,應付朝堂保舉,爲此洞達。十八日,行副知吏番炘忠侯、僉知户番訓忠侯等已待令奉御允。

十一月又計詞,兩期歲貢儀物,奉仿應預先繕整,差官押作奉行。

乾隆二十一年,歲貢儀物:金香爐花瓶肆副,該重二百九兩,折作金子貳拾壹錠;銀盆壹拾貳口,該重陸百柒拾壹兩[3],折作金子陸拾九錠[4],沉香箍[5]百陸拾兩,速香貳千三百陸拾捌兩。

乾隆二十四年,歲貢儀物同上。

【校勘】

[1] 卷上:底本作“卷之一”,因底本缺卷之二、三,爲與“卷之四”連貫,今據書名頁改作“卷上”,下“卷之四”改作“卷下”。

[2] 此級標題底本無,此乃本書整理者據文意擬之,下皆同。

[3] 陸百柒拾壹兩:此處重量疑誤。據下文多處記載,銀盆重量應爲六百九十一兩。

[4] 金子陸拾九錠:此處應爲銀之總重,朝貢物品禮有定制,參何新華《清代朝貢文書研究》(中山大學出版社 2016 年版)第 302 頁所載康熙六年(1667)安南國王黎維禧奏本,亦爲銀盆一十二口。綜觀全書,約十兩爲一錠,結合下文及其他文獻,此處應折作“銀子

陸拾九錠”。

［5］箎：此用同“九”，下文亦有如此用者。

二、 衆衙門請擇使臣啓

朝堂五府六部御史臺六寺提[1]刑十三道六科等衙門謹啓，計兹期奉往北國使，正、副共三員，奉論保各員，恭望裁擇。

正使一員，奉論保各員：陳名寀，奉差乂安督視、禮部右侍郎，岫嶺侯，年生五十四歲。辛亥科中，至兹二十八年。陳輝淧[2]。陪從禮部右侍郎，沛川侯，年生四十九歲。丙辰科中，至兹二十三年。

副使二員，奉論保各員：阮輝僜，東閣大學士、署山南處参政，年生四十五歲。丙辰科中，至兹十一年。陳仲棟，寺卿、行僉都御史，年生五十歲。丙辰科中，至兹二十三年。黎貴惇，添差知兵番、翰林院侍講，年生三十三歲。壬申科中，至兹七年。鄭春澍。翰林院待制、署清華参政，年生五十五歲。戊辰科中，至兹十一年。

景興十九年十月二十日

十二月十三日，行副知吏番炘忠侯、僉知户番訓忠侯已待令奉御允，準差陳輝淧爲正使，黎貴惇、鄭春澍等爲副使，兹奉傳。

【校勘】

［1］提：底本作“𥱊”，由“竹”“是”“寸”構成，據下文應是“提”。

［2］淧：底本作“𡶒”，由“氵”“山”“必”構成，據他處及其他文獻而錄。

三、 阮貴慜等正副使人選啓

參從阮貴慜等謹啓,計恭奉旨準兹期貢部應差正、副使共三員。

正使壹員:陳輝淧。入侍陪從禮部右侍郎,沛川侯。

副使貳員:黎貴惇,翰林院侍講添差知兵番。鄭春澍。翰林院待制。

景興十九年十月二十日

十二月十三日,行副知吏番炘忠侯、僉知户番訓忠侯已待令奉傳下封子。

四、 衆衙門奏黎王知正副使摺

朝臣五府六部御史臺六寺提刑十三道六科等衙門謹奏,計兹期歲貢,奉大元帥、總國政、尚師、上父、英斷文治武功明王旨,準差正副使叁員,爲此臣等謹具奏聞,伏候勑旨。

正使壹員:陳輝淧。入侍陪從禮部右侍郎,沛川侯。

副使貳員:黎貴惇,添差知兵番翰林院侍講。鄭春澍。翰林院待制。

景興十九年十月二十三日

五、 阮貴慜等請放使從民祿田祿饒夫啓

參從阮貴慜等謹啓:計兹期歲貢,奉差陪臣并通醫士隨奉往北使,應照例準給民祿田祿及饒夫有差。

正使一員:例給民祿中壹社,古錢壹百貳拾貫,并米田祿五十畝。

副使貳員:例給每員民祿次中壹社,古錢壹百貫,并米田祿四十五畝。

行人通醫士九名:例給饒夫每名[1]拾貳人,田祿拾畝。

隨人拾名:例給每名饒夫陸人,田祿五畝。

景興十九年十二月十日

十二月十六日,行副知吏番炘忠侯、僉知户番訓忠侯等奉傳下封子。

【校勘】

[1] 每名:底本作"名ˇ每","ˇ"即倒乙符號。

六、 阮貴慜等請繕整兩期歲貢儀物啓

參政阮貴慜等謹啓:計兩期歲貢儀物,奉照應先繕整,差官押作奉行。

乾隆二十一年歲貢儀物：金香爐花瓶肆副，該重二百九兩，折作金子二十一錠。銀盆壹拾貳口，該重六百九十一兩[1]，折作銀子六十筵錠。沉香筵百陸拾兩，速香貳千叁百陸拾捌兩。

乾隆二十四年歲貢儀物：金香爐花瓶肆副，該重二百筵兩，折作金子二十一錠。銀盆一十二口，該重六百九十一兩，折作銀子六十筵錠。沉香筵百陸拾兩，速香貳千叁百陸拾捌兩。

乾隆二十四年歲貢儀物：金香爐花瓶肆副，該重二百筵兩，折作金子二十一錠。銀盆一十二口，該重六百九十一兩，折作銀子六十九錠。沉香九百六十兩，速香二千三百六十八兩。[2]

景興十九年十一月初□日

十二月十三日，行副知吏番炘忠侯、僉知户番訓忠侯已待令奉傳下封子。

【校勘】

［1］該重六百九十一兩：銀盆總重量，上文誤記爲"六百七十一兩"。

［2］乾隆二十四年……速香二千三百六十八兩：此段爲衍文，此次出使所涉歲貢只有兩期，乾隆二十四年貢物重複出現，唯幾個用字之别。

七、衆衙門奏黎王知正副使摺

朝臣五府六部御史臺六寺提刑十三道六科等衙門謹奏：計兹期歲貢，奉大元帥、總國政、尚師、上父、英斷文治武功明王旨，準差正、副使叁員，爲此臣等謹具奏聞，伏候勅旨。

正使壹員：陳輝淧。入侍陪從禮部右侍郎，沛川侯。

副使貳員：黎貴惇，添差知兵番翰林院侍講。鄭春澍。翰林院待制。

景興十九年十二月十三日[1]

【校勘】

［1］衆衙門奏黎王知正副使摺……景興十九年十二月十三日：此摺文上文已經出現，唯所署日期爲“景興十九年十月二十三日”。

八、金銀貢物應鑄作精好斤兩足數令

本月十八日侍選撰忠付精本在朝都吏輦忠計，茲兩期歲貢物，折作金子肆拾貳錠、銀子壹百三十八錠，前期貢部稱斤間有欠少，别照次數填附，頗多非事體等因，應選兵番官，係茲期歲貢銀子，應鑄作精好，每錠各依斤兩秤稱足數，至茲勘驗，毋得缺少，茲奉選。

景興十九年十二月十八日

九、請諒山官員查内地涉貢官員官銜姓氏並買清朝日曆

五府府僚等官計，奉傳諒山處督鎮官香嶺侯枚世准，係茲期歲貢，例有咨文投報天朝上司各衙門，應傳守隘詳查内

地總督、巡撫、布政、按察、左江道及各府縣州官，有預歲貢事者官銜姓氏，并買取己卯年北曆[1]壹本，限十五日内迅即遞納，慎毋遲緩，兹奉傳。

景興十九年十二月二十二日

【校勘】

[1] 曆：此處闕字，底本天頭有校曰“曆”，即“曆”，從之。下文有文書繼續要求買清朝曆書，“曆”亦可作“歷”。今統改。安南獨立後，以中國爲北國，己爲南國，故稱中國曆書爲“北曆”。

十、工番請派書寫二名隨陪臣官出使

計奉照舊例，係至貢期，割使本番書寫每部一名，隨陪臣官爲行人，使守貢物。及至使回過關，再奉看粘鎖本部各函，留貯北貨遞回恭進，待後差官開勘，許遞奉取若干，存餘付領。自己酉年奉見替差侍内奉行，至使返回，其本番又奉照例割使首令書寫各一名，往就關上粘取使物各函，遞回恭進，這事有所未便。於丙子年奉備計職掌啓簿，乞照舊例，割使本番書寫，隨陪臣官奉往北使，以便各役，恭奉準允。兹貢期在邇，奉見已差陪臣官，爲具陳洞達，候[1]旨奉行。

景興十九年十二月初□日

本月十八日，内差工番芳澤侯已待令奉御允。

【校勘】

[1] 候：底本作“侯”，今據文義改。

十一、 使臣請即授隨人實任官職啓

己卯乾隆二十四年，本朝景興二十年，春正月二十日，使臣拜命。二十三日，謝内殿朝壽殿，奉差正使入侍陪從禮部右侍郎沛川侯陳輝淧、副使添差知兵[1]番翰林院侍講黎貴惇、翰林院待制鄭春澍等謹啓，爲恭乞格外開惠事。臣等竊照本朝舊例，奉差北使，其正副各員隨人於回還日，始奉敘勞授職，選下吏部官銓除寔任，中間準定公裝，只發銀絹荖蘿等件，其賓參、打發各禮物並在陪臣私辨[2]，大□費至古錢二千餘貫。因此使臣止許親屬從行，再私外人納錢坰[3]入隨人名數，使彼得倖邀職色，取其所納，以供整辨之費，彼此循襲[4]，遂成事例。臣等仰蒙洞燭濫[5]玷，第念途長萬里、費廣百銀，而民間屢值堯湯之儆，既自委以爲營理，計其中苟有一二人，欲求職任，更思須俟三年，方得銓授，樂進之心，尋爲耽閣，盤私費公，莫知取辨。爲此冒昧謹啓，恭望上德高聰，曲垂體悉，準許臣等隨人直送吏部官，銓除職任，庶使從役遠介，樂於自辨，而臣等亦得以荷洪霑、濟公務、副萬萬望。

景興二十年正月二十日

二月初一日，大司馬域郡公已待令奉御允，依啓内奉付奉差官奉行。

【校勘】

[1] 知兵：底本作“兵ˇ知”，旁有倒乙符號，應正。

[2] 辨："辦"的古字，下多如此。

[3] 坩："填"之越南俗字。

[4] 循、襲：底本作"[illegible]""[illegible]"。

[5] 濫：底本作"[illegible]"，"監"字一作"竖"。

十二、 再請諒山官員調查内地涉貢官員信息買取清朝日曆

五府府僚等官計，奉傳諒山處督鎮官香嶺侯枚世準，係上年十二月日接見兩廣公文，内開署理兩廣總督部堂兵部右侍郎兼右副都御史巡撫廣東等處地方提督軍務兼理糧餉加一級紀錄五次託，玆所差守隘查官銜姓氏，乃寫爲署理兩廣總督署廣州將軍加二級紀錄一次李，又不見抄寫左江道官，審這所計，似有差錯，等因。應迅传守隘作急再查内地總督、巡撫、布政、按察、左江道及各府縣州官，有預歲貢事者，官衘[1]姓氏，務在詳的，并買取玆年北曆一本，限本月中旬，迅即遞納，毋得稽緩。

景興二十二年二月初四日

【校勘】

[1] 衘：底本作"衙"，後校作"衔"，即"衘"字。安南國求涉貢官員官衘姓氏，爲文書稱呼用。

十三、 攽使從民祿田祿饒夫令

計茲期奉準照例，攽賜正、副使各員及行隨人惠祿。正使一員，給民祿中一社，古錢壹百貳拾貫，并米田祿五拾畒。副使貳員，每員給民祿次中一社，古錢壹百貫，并米田祿四十五畒。

行人通醫士九名，每名饒夫十二人，田祿拾畒。隨人十名，每名饒夫陸人，田祿五畒，等因。應送工番官照遵奉行，寫令攽給，自茲年夏務始，以昭惠典。

十四、 諒山督鎮奉納内地官銜姓氏并北曆一本

二十八日，諒山督鎮枚世準遞所抄在龍憑吏房内地官銜姓氏并北曆一本奉納。署理兩廣總督部堂兵部右侍郎兼右副都御史巡撫廣東等處地方提督軍務兼理粮餉加一級紀錄五次託、巡撫東西都察院加三級鄂[1]、署理提督廣西全省軍門應印務加三級段、署理廣西左江總鎮都督府印務加三級素、欽命廣西等處承宣布政使司加二級葉、廣西提刑按察使司加三級梁、廣西全省驛鹽道加三級張、欽命巡廣西左江兵備道加三級張、署理協鎮廣西新太都督鎮印務馬、廣西太平府正堂加三級查、署理廣西龍憑营都閫府印務加一級王、

廣西馗[2]纛营都閫府加一級張、署理廣西太平府粮捕分府加一級朱、廣西寧明州正堂加一級王、廣西南寧府正堂加三級管、廣西潯州府正堂加三級李、廣西梧[3]州府正堂加三級永、廣西平樂府正堂加二級朱、廣西桂林府正堂加三級商、廣西憑祥州正堂李、廣西下東州[4]正堂趙、廣西江州正堂黄、廣西思州正堂黄、廣西太平州正堂李、廣西上龍司正堂趙、廣西安平州正堂李、廣西思陵州正堂韋。

前任官銜，署理兩廣總督署廣州將軍加二級記錄一次李，此位於上年十一月二十六日交印。現任官銜，署理兩廣總督部堂右侍郎兼右副都御史巡撫廣東等處地方提督軍務兼理粮餉加一級紀錄[5]五次託，此位於上年十一月二十六日到任。

【校勘】

[1] 鄂：底本作“鄂”。

[2] 馗：底本此處字漫漶不可識别，查清代太平府有馗纛营。

[3] 梧：底本作“掊”(掊)，手寫體“扌”“木”相混，廣西無“掊州”“棓州”，今改爲“梧”。

[4] 下東州：似爲“下凍州”，查太平府有上、下凍州。

[5] 錄：底本作“緑”，今改。

十五、 報貢期於左江道官咨

是月照例修柬報貢期在左江道官。

安南國王爲奉貢事。照得本國臣事天朝，一心恭順，六年兩貢，常度恪遵。乾隆二十一年、乾隆二十四年，正貢儀並舉之期，其二次儀物，並已繕整，使從員役，亦已遴委，候於今年秋仲起程，具賫上進。爲此具繇投報，希惟體悉遠情，轉詳上憲，具爲題達。如蒙賜允，祈爲預先通報，本國得以欽遵奉行，素孚恭順之忱。須至咨者。右咨天朝欽奉分巡廣西左江兵備道加三級張。

乾隆貳拾肆年貳月貳拾肆日

三月初二日，出納官遞柬請旨御允，付寫詳考訖。初六日，再遞入請旨用璽，即置入夾投付驛發行。

十六、請諒山督鎮投遞咨文

五府府僚等官計，奉傳諒山處督鎮官香嶺侯枚世準，係兹期有公文一套，内開咨報朝貢投遞左江道官等因，如見遞到，即刻付與守隘，謹將夾板公文，與内地龍憑守隘接領馳遞，以濟公務，兹奉傳。

景興二十年三月初五日

十七、使臣請定各衙門所取錢數啓

奉差正使入侍陪從禮部右侍郎沛川侯陳輝淧，副使添差知兵番翰林院侍講黎貴惇、翰林院待制鄭春澍等謹啓，爲恭乞洞照事。兹臣等奉差北使,奉準□□[1]攽民禄、田禄及隨人,其行隨各員名,亦預奉攽饒夫及官田有差。從前年歲豐登,隨饒易於轉納,其各衙門所給送,令派賍[2]外各錢,大率亦不過古錢五六貫或三貫。現今奉準成命,已三月餘,從未有隨饒,一叨[3]公裝私物,繕理正難,而各衙門計送起藁、筆墨、攽號、璽號及派除諸外錢,通併至十二貫,更有計畝取錢,每畝古錢貳陌。算來令旨一道,不下古錢二十貫;派跡一道,亦無慮古錢七八貫,難於應納。竊思業脞件事,何敢冒瀆上陳,第錢用方窘,無從取辨,兼之體統所關[4],豈應一徇例外。爲此冒昧謹啓,恭乞付下準定各衙門[5]所取錢數,得便應納,以昭惠澤、正體例,仰副萬望。

景興二十年三月初□日

【校勘】

[1] □□:闕字可能是“照例”。

[2] 派:底本作“”。賍:底本作“”。

[3] 叨:疑應是“切”。

[4] 關:底本作“開”。

[5] 各衙門:底本作“各銜衙門”。按:“銜”,當爲涉下“衙”而衍,今删。

十八、 準減各衙門所取錢

計兹貢部正使官沛川侯、副使官等有啓備陳,兹奉準差北使,例有給賜民禄田禄[1],備乞從宜量減各衙門外錢等情。經議[2],嗣後貢部陪臣官奉給民禄田禄草藁令旨與行隨饒夫田祿草藁令派，每道各古錢一貫五陌，其選除饒夫應依舊例，每率古錢壹貫、外錢並酌，以合事宜等因。應選工番官[3]照遵奉行，兹奉選。

景興二十年四月十七日

【校勘】

［1］田祿：底本作“民田祿”。按：本頁下文《準減敓璽等錢》“民田祿”之“民”上有删除號。據改。

［2］議：底本作“誐”。

［3］工番官：底本作“工番官官”。按：後一“官”衍字，底本作“𠀋”，今删。

十九、 準減敓璽等錢

計本年貢部正使官沛川侯、副使官等有啓備陳，兹奉準差北使，例有給賜民祿田祿[1]，備乞從宜量減敓璽等錢等情。經議，嗣後貢部陪臣奉給民祿田祿，與行隨饒夫田祿，每道敓錢應準許古錢一貫，外此[2]並酌，以合事宜等因。應選敓號官照遵，兹奉傳。

璽號每道古錢一貫二陌□□同。

景興二十年四月十九日

【校勘】

［1］田祿：底本“田”字前有“民”字，上有删除號，今從之。

［2］此：參考上文，“此”或是“錢”之誤。

二十、工番差侍内選、書寫各一名啓

參從阮貴慭等謹啓，計奉照諸歲貢部行人，自庚子年以前，未置六番侍内選，因差水師番一名，自庚子年以後，奉已準差侍選應行各役。於壬戌年工番官授以舊水師番預差書寫一名隨使，乞照舊例準許，經議應休，恭奉準允。至癸酉年貢部，再奉加差侍選一名，玆工番官再援[1]以舊例，乞差本番書寫一名，奉準許。奉論應參酌舊例，差侍選一名爲行人，其加差一名，玆許工番書寫，玆謹啓。

應差侍内選壹名：阮朱桓。

應差工番書寫壹名：朱登連。

景興二十年三月十日

五月初八日，僉知户番訓忠侯已待令。

【校勘】

[1] 援：底本作“授”，上有校，改爲“援”，從之。上文之“授”亦存疑。

二十一、轉呈左江道咨文

五月二十七日，左江道咨來，言已轉呈，具題先行知照天朝廣西分巡左江兵備道管轄南太鎮泗四府漢土州縣崗司等處地方加三級紀錄[1]四次張，爲餙[2]行遵照事，乾隆二十四年四月二十日，奉兵部尚書總督兩廣部堂李憲牌，内開乾隆二十四年四月十六日，據該道呈準安南國王文，開乾隆二十一年、乾隆二十四年歲貢，二次儀物，並已繕整，使從員役，亦已遴委，候於今年秋仲起程，具賫上進投報，轉詳題達，如蒙賜允，預爲通報本國，得以欽遵等因。到道理合轉報等由，到本部堂，據此除繕疏具題，俟部覆到日，另檄行知遵照外，合先飭行修牌，仰道照依事理，即便修移該國王知照毋違等因，奉此相應咨會，爲此合咨貴國王，請煩查照施行，須至咨者。右咨安南國王。

乾隆二十四年四月二十九日

【校勘】

［1］紀錄：底本作“紀綠”，“綠”當爲“錄”之形訛。

［2］餙：同“飾”，此處通“飭”。

二十二、使臣請預付擔夫錢啓

奉差正使入侍陪從禮部右侍郎沛川侯陳輝淧，副使添差知兵番翰林院侍講黎貴惇、翰林院待制鄭春澍等謹啓，計奉照舊例，正使私擔七十夫，隨人四名，每名二十夫，每夫準古錢三貫，共古錢四百五十貫，副使私擔六十夫，隨人各三名，每名亦準二十夫，每夫準古錢三貫，共古錢七百二十貫。通併陪臣參員，隨人十名，擔夫錢共古錢一千一百七十貫，並於起程之日，與公函及行人擔夫錢，一體送户番官送發，玆恭乞預先領取，以辨公裝，待送發之日照除。玆謹啓。

景興二十年五月十日

奉送户番官照例預發。

二十三、 請諒山地方官嚴守公文規例

五府府僚等官計，奉傳諒山處督鎮官香嶺侯枚世準督同阮宗珵等，係從來關上往復公文，並有啓回洞達，茲年三月奉付投納，遞内地左江道官柬文，不見啓來，某期已遞或未遞如何，今道官有文回復，又擅[1]自飛遞大箭，不有具啓洞達，似此率略擅便，頗違規例等因。應傳報知悉，嗣後照遵舊例，一切文書往復始末，備寔遞達，慎勿等閑公務，有干不便，茲奉傳。

景興二十年五月二十九日

【校勘】

[1] 擅：底本作"技"，"擅"的换聲符俗體。今改。

二十四、 請擇嗣王諱

閏[1]六月初八日，太上皇崩於乾壽殿，照例具柬告哀，計茲期奉告哀事，奏本柬書例有諱，奉仿名字，恭望上裁，奉皇上假諱：

褍音端，衣正幅也。

襖音余,衣揚舉貌。

袨音昡,好衣盛服。

褣音容,襜褕也。

景興二十年閏六月十日

本月二十四日,僉知户番訓忠侯已待令奉準取𥚃字。

【校勘】

［1］閏:即"閏"字,下同。

二十五、 請依舊例隨貢部告哀

計奉查景治、陽德等年值歲貢期,適有告哀事,仍附貢部並進,迨龍德四年貢期,已於三月柬報,四月日改元永佑,復修柬文告哀,請[1]附歲貢部並行,兹事體正同,奉仿應修柬投報兩廣總督巡撫兩院各道官請附告哀使與歲貢使並進,以叶舊例,恭望上裁。

告哀禮物:沉香三十斤、速香七十斤。

景興二十年閏六月十日

本月二十四日,僉知户番訓忠侯已待令奉御允。

【校勘】

［1］請:底本作"清",又校改爲"請",從之。下同。

二十六、令工番準備告哀禮物

計玆期歲貢適有告哀事，例有禮物，沉香三十斤、速香七十斤，至日與歲貢部並進等因，應送工番官照例奉行，玆奉送。

景興二十年閏六月二十五日

二十七、呈兩廣總督請隨貢部告哀咨

安南國王嗣黎維禚爲告哀事，照得本國臣事天朝，恪共[1]時命。今年正值兩貢並舉之期，謹已繕整儀物，遴委陪臣員名，候期賫進。於三月日，曾具咨文投報道臺，祈爲轉詳上憲，具䟽[2]題達，未蒙覆報。詎意閏六月初八日，先國王違世，囑咐姪黎維禚忝以先國王黎維祐之嫡子，親承囑咐，權管國事，俟命于朝。禮有告哀，理當耑遣陪臣赴京陳奏，竊照康熙二年、康熙十一年、雍正十三年本國有告哀事，適與貢期相值，曾蒙前憲具題，準許一體附奏，覑[3]例具在。爲此具繇投達，希望體悉遠情，令疏具題請旨，如蒙賜允，預先通報，俾本國得以欽遵，庶及貢期並進，以孚顒望之忱，須至咨者。右咨天朝兵部尚書總督兩廣部堂李。

乾隆貳拾肆年閏陸月貳拾柒日

【校勘】

［1］共：通“恭”。

［2］踈：即“疏”字。

［3］規：即“規”字。

二十八、呈左江道請隨貢部告哀咨

安南國王嗣黎維禑爲告哀事，照得本國臣事天朝，恪恭時命。今年正值兩貢並舉之期，謹已繕整儀物，遴委陪臣員名，俟期賫進，於三月日，曾具咨文投報，懇請題達云云。希望體悉遠情，轉詳上憲會疏云云。如前。右咨天朝欽命分[1]巡廣西左江兵備道管轄南太鎮泗四府漢土州縣崗司等處地方加三級紀錄四次張。

乾隆貳拾肆閏陸月貳拾柒日

【校勘】

［1］分：底本作“及”，後校爲“分”，從之。

二十九、令參陪等官詳考二道咨文

七月初四日，僉知兵番珠壽侯待令用璽柬文二道，奉御允，仍奉旨傳參陪等官，即刻並就公店，再三考閲加詳，免致舛[1]謬,如前年貢部表文烏字爲[2]鳥字,有關國體。

【校勘】

[1] 舛:同"舛"。

[2] 爲:底本有校改作"僞",作"爲"應可。

三十、 令諒山地方官投遞二道咨文

五府府僚等官計,奉傳諒山處督鎮官香嶺侯枚世準、督同阮宗理等,係玆期有公文貳套,投遞兩廣總督與左江道官,言附奏告哀事,請與貢部並進等因。應如見遞到,即刻付與守隘,謹將夾板公文作急交與内地龍憑守隘接領馳遞,以濟公務,慎毋牽緩。玆奉傳。

景興二十年七月初三日

三十一、 令諒山地方官查内地涉貢官員官銜姓氏

奉傳諒山處督鎮官香嶺侯枚世準、督同阮宗理等,係玆期例有咨文各套,投報天朝上司等衙門,應傳守隘迅查内地總督、巡撫、布政、按察、左江道及各府州縣官有預歲貢事者,官銜姓氏,務在詳的,限二十日内遞納,毋得牽緩舛謬,玆奉傳。

景興二十年七月初六日

二十日，諒山處督鎮遞納所抄内地官銜姓氏一張。

三十二、 三貢使隨人門子申狀

奉差正使入侍陪從禮部右侍郎沛川侯陳輝淧申，計兹期承熲[1]隨人共五名，列計于左：黎冠群、東山縣毛舍社。阮文瑞、南真縣百姓社。武阮琦、石河縣河黄社。阮克諧、東山縣安獲社。段有燾。瓊瑠縣義莊社。

景興二十年八月初□日

奉差副使添差知侍内書寫兵番翰林院侍講黎貴惇申，計承熲隨人叁名、們子壹名：張仲達、維先縣阮舍社儒生。黎有贍、唐豪縣遼舍社寺丞。裴克琰、延河縣明琅社殿前。裴德讓。美祿縣天培社饒男。

景興二十年八月十日

奉差副使翰林院待制鄭春澍申，計隨人叁名：鄭名滂、阮春正、阮嘉慶，們子壹名：武得成。

景興二十年八月十日

【校勘】

［1］熲：同"類"，下同。

三十三、 請許阮廷贍爲行人

計奉付一啓,棆[1]忠公阮茂瑜備陳弟子通事阮廷贍應務日久,累奉差行,較[2]與本司黄得瑢差勝,乞放許廷贍爲行人等情。間奉照查阮廷贍[3]奉補北語司應務,十三年曾差探兒[4]一度。其黄得瑢上年始入應務,未經差行,前期付知工番,朗芳侯有啓,備乞黄得瑢爲行人,奉付放許。兹查應務日期久近,即阮廷贍與黄得瑢稍久,奉仿應許阮廷贍爲行人,其黄得瑢應酌。這事恭望上裁。

景興二十年八月二十日

本月二十四日,内差吏番恭壽侯已待令奉御允。

【校勘】

[1] 棆:底本作"掄"。

[2] "較"字前:底本上有一"轁"字,上有删除號。轁,即"䡫",《玉篇》:"䡫,車行也。"於此不合,應爲衍字,或涉下文人名而誤。

[3] 阮廷贍:底本作"阮得贍",據上下文,"得"當爲"廷"之誤,今改。

[4] 兒:底本作"児"。

三十四、請定歲貢告哀使團通事、醫生、中書、探兒啓

府僚阮貴慜等謹啓,計兹期奉差陪臣往使北,應有行人應務共柒名。

通事叁名:阮廷彦、安陽縣知要社同知府。張廷財、嘉林縣東林社巨同村首合。阮廷贍。青威縣石堺社。

醫院貳名:黎廷佳、慈廉縣驛望社隨内良医正。范廷璉。嘉定縣東平社訓科。

中書貳名:費廷瓆、慈廉縣古汭社華文學生。陶廷謽。唐豪縣多士社居美祿坊華文學生。

景興二十年八月二十日

五府府僚官謹啓,計兹期歲貢及告哀部,差候命官往關上,應有通事、探兒屬隨,往前路投遞公文,共五名。

通事貳名:阮國珩、仙游縣内裔慶社[1]。阮廷瓘。青威縣曲水社。

探兒叁名:阮勢錫、仙游縣内裔社。阮廷昕、安豐縣三棗社。郭登瑶。安豐縣三棗社。

景興二十年八月十日

五府府僚等謹啓,計兹期歲貢并告哀等部,差候命官往關上,應有通事醫院、中書、探兒屬隨應務共筵名。

通事肆名:李廷珍、青池縣青池社。阮惟瑨、超類縣楊舍社。

曹文允、青威縣貝溪社。曹世綿。青威縣貝溪社。

醫院壹名:潘卓德。唐豪縣扶擁社訓科。

中書貳名:阮名荧、東岸縣育秀社華文學生。阮門。東岸縣凉館社華文學生。

探兒貳名:阮得財、青威縣華□社。阮勢琢。仙游縣内裔社。

景興二十年八月十日

本月二十九日,僉知兵番珠壽侯奉傳下封子。

【校勘】

[1] 仙游縣内裔慶社:下文阮勢錫及阮勢琢籍貫爲仙游縣内裔社,應有一誤。

三十五、 請放歲貢告哀使臣禮物啓

五府府僚等謹啓,計茲期差候命官往關上候命,例有贄見天朝上司等衙門并贐禮及犒從者銀絹各物,恭乞照放付領取奉行,以濟公務,茲謹啓。

土銀柒百兩、土絹五拾疋、胡椒叁百斤、黑線香貳千株、白線香貳千株、竹扇貳百把。

景興二十年八月十日

本月二十九日,僉知兵番珠壽侯已待令下封子。

五府府僚等謹啓,計茲期奉差陪臣往北使告哀,預差官關上候命,例有贄見天朝上司等衙門并贐禮及犒從者銀絹等物,恭乞照放付候命官摘領取奉行,以濟國事,謹啓。

土銀叁百五拾兩、土絹拾五疋、胡椒拾五斤、黑線香壹千株、白線香壹千株、扇壹百把。

景興二十年八月十日

二十九日，僉知兵番珠壽侯已待令。

三十六、 請放歲貢告哀使臣打發銀子開關禮啓

五府府僚等謹啓，計兹期差前路往關上投遞公文，照查舊例，投遞公文共貳拾捌套，打發每套銀子貳兩、土絹壹疋、香蠟貳瓶、扇拾把、胡椒壹斤，開關禮銀子捌兩，恭乞照數準放付，奉差候命官交付所差前路領取奉行，以濟國事，兹謹啓。

土銀陸拾陸兩、土絹貳拾筵疋、香蠟五拾捌瓶、竹扇貳百玖拾把、胡椒貳拾筵斤。

景興二十年八月十日

二十九日，僉知兵番珠壽侯已待令。

五府府僚等謹啓，計兹期奉差陪臣往北使歲貢附告哀，已差前路一體抱將告哀夾板公文投遞天朝上司各衙門，例有打發銀子每套貳兩、絹壹疋、香蠟貳瓶、扇拾把、胡椒一斤，開關禮銀子捌兩，并各役等因，恭乞準放禮物依如前例，付奉差候命官，交付前路等各人領取奉行以濟國事，兹謹啓。

土銀叁拾兩、土絹拾疋、香蠟貳拾瓶、扇壹百把、胡椒拾斤。

景興二十年八月十日

二十九日，僉知兵番珠壽侯已待令。

三十七、 請放使臣宴賞錢物啓

五府府僚等謹啓，計奉查奉使事例，應有放賜宴賞銀子壹百肆拾捌兩九錢筵分筵厘、古錢壹百貳拾五貫貳陌五拾文、花銀叁笏，并使一百四十九貫一陌三十文、朝衣三幅、朝冠三頂、鍮帶[1]三腰、黑布貳十二疋、絹二十二疋、鹹一百五拾二瓶。

内宴萬壽殿，奉放陪臣三員，共銀子九兩九錢九分九厘，行隨貳拾貳員名，共古錢拾壹貫貳陌五十文。

外宴丹墀右邊，奉放陪臣三員，每員銀子拾兩，古錢十貫，行人九員名，每名銀子五兩、古錢五貫，隨人十三名，每名銀子三兩、古錢三貫。

奉拜謝内侍，奉放陪臣三員，每員朝衣壹幅，每幅三領外用烏縝[2]，内用紅綾白綾，并冠一嵿，鍮帶一腰用牛角繞鍮，及奉放每員花銀壹笏、行隨每員名黑布一疋，并奉放二部使錢一百四十九貫一陌三十文、鹹[3]一百五十二埕。

奉放醫士藥材筆墨共銀子二十五兩。

景興二十年八月十日

二十九日，僉知兵番珠壽侯奉傳下封子。

【校勘】

[1] 帶：底本作“[illegible]”。

[2] 縝：底本作“[illegible]”，“縝”有麻綫之義。

[3] 鹹：底本作“[illegible]”。

三十八、請發祭祀沿途廟祠官物啓

五府府僚等謹啓，計兹期奉差陪臣并通事醫士等員名，往北使歲貢告哀等部，預差候命官與武官術遞貢物往關上[1]，應照發官物告祭沿途廟祠，以昭敬意、濟國事，兹謹啓。

告祭各廟祠禮物古錢五十九貫五陌三十文，領在户番官照發。

河伯水官在珥河津，豕一口，準古錢捌陌。粆一盤，準古錢二陌。金銀酒香。準古錢二陌。[2]

宫廟，牛七隻[3]，準每隻古錢肆貫，共古錢二十八貫。粢七盤，準每盤古錢三陌，共[4]古錢二貫一陌。金銀七盤，準每盤古錢一陌三十文，共古錢一貫三十文。芙蓾香酒。準古錢七陌。

李八位，牛一隻，準古錢肆貫。粢一盤，準古錢三陌。金銀香酒。準古錢叁陌[5]。

芹營神祠，牛一隻，準古錢四貫。粢一盤，準古錢二陌。金銀香酒。準古錢二陌。

鬼門關神祠，牛一隻，準古錢肆貫。粢一盤，準古錢二陌。金銀香酒。準古錢二陌。

忠武神祠，牛一隻，準古錢四貫。粢一盤，準古錢二陌。金銀香酒，準古錢二陌。

坡隆神祠，牛一隻，準古錢四貫。粢一盤，準古錢二陌。金銀香酒。準古錢二陌。

坡維神祠，牛一隻，準古錢四貫。粢一盤，準古錢二陌。金銀香酒，準古錢二陌。

景興二十年八月二十日

二十九日僉知兵番珠壽侯奉傳下封子。

【校勘】

［1］衖：即“衛”。關：底本作“閞”。

［2］粎：即“粢”。“金銀酒香”下文爲“金銀香酒”。

［3］隻：即“隻”。

［4］共：底本作“昔”，字上有校改爲“共”，從之。

［5］古錢叁陌：上下文“金銀香酒”單價爲古錢二百。

三十九、請裁擇貢部候命官三員

計玆期貢部照例應差候命三員，奉仿各員，恭望上裁。

范士銓，翰林院待制[1]。阮春暄，京北道[2]監察御史。謝廷煥，禮科都給事中奉差京北道督同。

景興二十年八月二十日

二十九日僉知兵番珠壽侯，已待令奉御允。

【校勘】

［1］待制：底本作“侍制”，據文義改。

［2］京北道：底本作“京道ᵛ北”，底本有倒乙符號，據改。

四十、 令諒山、京北、守隘官員配合使團

五府府僚等官計，奉傳諒山處督鎮官香嶺侯枚世準、督同官阮宗理等，係兹期前路通事奉將夾板公文并官物往關上，以九月上旬起程等因。應量差兵整備器械等項，并督押驛夫，依期就本處界首，夾京北地頭，照據京北鎮兵交付領取，送就關上。其所差當防守慎密，以濟公務，若疏虞忽略，有公法在，兹奉傳。

景興二十年八月二十九日

五府府僚等官計，奉傳京北處署鎮守官基造侯范吳俅、督同官謝廷煥等，係兹期貢期在邇，其本處橋梁道路，所當修理剗削等因。應擇委役目往勘，自嘉林縣愛慕社沿至夾諒山處，其橋梁或某處頹弊，道路或某處荆榛，仍督押地分社民，修理剪削，務在平坦，以便公務，如奉行不虔，及生事擾民，有公法在，兹奉傳。

景興二十年九月初三日

五府府僚等官計，奉傳京北處署鎮守官造基侯范吳俅[1]、督同官謝廷煥等，係兹期奉差前路通事奉將夾板公文并官物往關上，以本月上旬起程等因。應星速量差屬員一名，并兵二千人，整備器械等項，迅就愛慕河津護送，就諒山界首，交付伊處鎮兵接遞到關，奉行公務，其所差當防守慎

密，庶免疏虞[2]，兹奉傳。

景興二十年九月初三日

五府府僚等官計，奉傳前路通事阮國珩、阮廷琕，探兒阮勢錫、阮廷昕、郭登瑶等，係兹期應領奉表奏本稿共陸册，并公文貳拾壹套，與候命官柬文壹套，往就關上。同守隘快岩伯韋福洪、堤忠侯阮廷璿等，通報與龍憑守隘，候開關接領公文，投遞納内地官列位。待得看正，各稿繳回，即接領遞納，以濟公務。若奉行不虔，有公法在，兹奉傳。

景興二十年九月初三日

【校勘】

［1］造基侯范吴俅：上一條爲"基造侯范吴俅"，未知孰是。

［2］庶免疏虞：底本作"免ˇ庶疏虞"，寫本上有倒乙符號，據改。踈，即"疏"。

四十一、 請給牌派驛夫擡擔

府僚等官計，奉傳兵部衙門官等，係兹期差往前路各名，九月初八日起程，當照例準許驛夫抬擔，往期二十七擔，回期二十二擔等因。應許計内依例給牌，以重公幹，兹奉傳。

官物五擔，回期省。

通事阮國珩、阮廷琕等每名五擔。

探兒阮勢錫、阮廷昕、郭登瑶等每名四擔。

景興二十年九月初三日

四十二、 請擇吉日啓程

本年九月初三日,僉知兵番珠壽侯,遞表奏咨移呈文共二十八道,令奏準允。再奉旨,判傳中監精寫,朱及𢳜𣈜,如極及時待典更𠊛羅除黄道俟日,矯更罰𣦍除空亡極𨒺。已奉傳司天監擇時取本日申刻,寫柬上吉。

司天監入侍内司天令承政使司承政使順嶺伯丁公暐等謹啓,計奉擇穀日前路官起程,用九月初八日乙卯乙時起程上吉,兹謹啓。

景興二十年八月二十日

【喃字部分漢文翻譯】

本年九月初三日,僉知兵番珠壽侯,遞表奏諮移呈文共二十八道,令奏準允。再奉旨,判傳中監精寫,三更務畢,如其不及則俟五更黄道吉時再寫,四更乃空亡不吉之時。已奉傳司天監擇時取本日申刻,寫柬上吉。

四十三、安南國王呈涉貢官員歲貢告哀咨文移文

安南國王嗣黎□□爲咨文事。照得本國臣事天朝，一心恭順，六年兩貢，常度恪遵。乾隆二十一年、乾隆二十四年，正貢儀並舉之期，其二次儀物並已繕整，使從員名亦已遴委。本年三月日，曾具公文投報道臺，祈爲轉達上憲，具疏題請，覆報本國，欽遵奉行。今於八月初七日，接奉公文，内開準部咨奉旨依議，準其進貢，仍照往例將表本、稿案及儀物數目、使從員役姓名先期通報等情。本國唯命是遵，謹差員目范仕銓、阮春暄、謝廷煥等，就諒山界首候命，先遣差役抱將表奏、本犒[1]并公文各套，前往關上投遞。竊更有所懇者，本年閏六月日先叔國王違[2]世，於七月日照遵往例，再具告哀咨文，請爲具疏題達，準及貢期附奏。今玆請進貢已奉準依，唯附奏告哀一事，尚候另覆。如奉賜允，覆報到日，方行投遞，屈指程限，必在來春。祗恐重贄，一番往復，貢期或至差緩，爲此繕修表本二通，一便并將候委繳。其陪臣行隨，已擇於九月下旬起程，其歲貢與告哀儀物，一齊搬運，希望體悉遠情，照内事理委看表奏本各稿繳回。如欽蒙旨允，許本國附奏告哀事與歲貢並進，續行覆報，謹即遵依，一體繕寫遞進。再祈委員驗寔，訂指日子，臨關啓鑰，接護本國使從赴京上進，以孚恭順之忱。除備錄表奏[3]本稿候[4]看繳外，所有儀物數目、使從員名，理合開陳，須至咨者。

乾隆貳拾壹年歲貢儀物：金香爐花瓶[5]四副，該重二百

九兩，折作金子二十一錠。銀盆一十二口，該重六百九十一兩，折作銀子六十九錠。沉香九百六十兩。速香二千三百六十八兩。

乾隆貳拾肆年歲貢儀物：金香爐花瓶四副，該重二百九兩，折作金子二十一錠。銀盆一十二口，該重六百九十一兩，折作銀子六十九錠。沉香九百六十一兩。速香二千三百六十八兩。

奉告哀儀物：沉香三十斤、速香七十斤。

差遣共貳拾五員名：陪臣叁員，陳輝淧、黎貴惇、鄭春澍。行人玖名，阮廷彦、張廷材、阮廷贍、黎廷佳、范仲璉、阮朱桓、朱登連、費廷質、陶登謩。隨人拾叁名，黎冠群、阮文瑞、武阮琦[6]、段仲壽[7]、阮克諧、張仲達、黎有贍、裴克琰、裴德讓、鄧名湧、阮春正、阮嘉慶、劉得成。右咨天朝兵部尚書兼都察院右都御史總督廣東廣西等處地方軍務兼理粮餉加二級紀錄[8]一次李。

乾隆貳拾肆年捌月貳拾日

巡撫、布政、按察、左江道文同。

【校勘】

［1］犒：疑爲“稿”之誤。

［2］違：底本作“”。

［3］表奏：底本作“奏✓表”，有倒乙符號，從之。

［4］候：底本作“侯”，據文意似應爲“候”，今改。

［5］甁：即“瓶”。

［6］武阮琦：底本作“阮✓武琦”，底本有倒乙符號，據上下文應爲“武阮琦”。

［7］段仲壽：他處爲段仲有。

［8］錄：底本作“綠”，據文意當“錄”之形誤，今改。

安南國王嗣黎□□爲移文事。照得本國臣事天朝，一心恭順，六年兩貢，常度是遵。乾隆二十一年、乾隆二十四年正貢儀並舉之期，其二次儀物，並已繕整，使從員名亦已遴委。本年三月日，曾見公文移報道臺，祈爲轉達上憲，具疏題請，覆報本國，遵欽奉行。於今年八月初七日，接奉總督部院公文，内開準部咨奉旨依儀，準其進貢，仍照往例，將表本稿案及儀物數目、使從員役姓名、先期通報等情。本國唯命是遵，謹差員目范士銓、阮春暄、謝廷焕等，就諒山界首俟命，先遣差役將表奏本稿并公文各套前往關上投遞。竊更有所懇者，本年閏六月先國王違世，於七月日照遵往例，再具告哀咨文，請爲具疏題達，準及貢期附奏。今兹請進貢，已奉準依，唯附奏告哀一事，尚候另覆。如奉賜允，覆報到本國日，方行投遞，屈指程限，必待來春。祇恐貢期或至差緩，爲此繕修奏本二道，一便并將候委看繳。其陪臣行隨，已擇於九月下旬起程，其歲貢與告哀儀物，一齊搬運，煩爲照内事理，轉達上憲，詳看表奏本各稿繳回。如欽蒙旨允，許本國附奏告哀事，與歲貢並進，續行覆報，謹已遵依一體繕寫遞進。再祈委員驗實，訂指日子臨關啓鑰，接護[1]本國使從，赴京上進，以孚恭順之忱，須至咨者。右移天朝廣西崇[2]善縣正堂加一級李。

乾隆貳拾肆年玖月初三日

各道移同。

各道咨文無有開陳亦同。

官銜

兵部尚書兼都察院右都御史總督廣東廣西等處地方軍

務兼理粮餉李，咨有開陳。

兵部侍郎兼都察院右副都御史巡撫廣西等處地方提督軍務鄂[3]，咨有開陳。

提督廣西全省水陸軍務統轄各路漢土官兵加三級史，咨無開陳。

鎮守廣西左江地方統轄漢土守禦官兵總鎮都督[4]府加三級段，咨無開陳。

欽命廣西等處承宣布政使司加二級葉，咨有開陳。

欽命廣西等處提刑按察使司加三級申，咨有開陳。

欽命分巡左江兵備道加三級張，咨有開陳。

叶鎮廣西新太等處地方兼轄漢土官兵副總兵官歐陽，咨有開陳。

廣西太平府正堂紀錄十二次查[5]，咨無開陳。

廣西龍憑營都閫府加一級馬，咨有開陳。

署理廣西太平粮補分府加三級李，咨無開陳。

廣西寧明州正堂加三級王，移無開陳。

廣西崇善縣正堂加一級李，移無開陳。

廣西南寧府正堂加三級管，咨無開陳。

廣西宣化府正堂加一級陳，移無開陳。

廣西馗纛營都閫府加一級張，移無開陳。

廣西竜[6]憑總部陳，移無開陳。

憑祥府正堂李，移無開陳。

上龍司正堂趙，移無開陳。

太平府下石州正堂閉，移無開陳。

廣西新寧州正堂□，移無開陳。

【校勘】

［1］護：底本作“[illegible]”。

［2］崇：底本作“宗”。

［3］鄂：底本作“鄂”。

［4］都督：底本作“督ㄥ都”，底本有倒乙符號，從之。

［5］廣西太平府正堂紀錄十二次查：下文記查禮官銜爲“廣西太平府正堂加三級查”。

［6］竜：即“龍”。

四十四、 安南國兩次歲貢表文

安南國王嗣臣黎維禢誠惶誠恐，稽首頓首謹上言，乾隆二十一年歲貢方物，臣先叔臣黎維禕，謹已繕理，投文叩請，望達天庭，詎意於乾隆二十四年閏六月初八日臣先叔違世，遺命以國事囑之於臣。今正值貢儀並舉之期，臣欽奉聖德旁敷、皇恩[1]遠播，臣謹守常儀，以供臣職，曷勝敬天仰聖之至。謹奉表上進者，伏以得天久照，兩作開日月之光；任土正供，六朝效共球之款，旅儀毫忽，渙渥丘山。欽惟皇帝陛下，乾健保和，恒貞成化，廣運之，堯功巍焕，孚就望於帝臣；建用之，周道蕩平，鼓訓行於王會，撫臨無外，怙冒攸同。臣景仰爲旒，久蒙賜履，臣子百年之義，倍切貼[2]依，國家萬世之休，永申祝頌，臣下情無任，瞻天仰聖，激切屏營之至。所有奉貢方物，另具本差陪臣陳輝淧、黎貴惇、鄭春澍等賫捧赴京，外臣謹奉表上進以聞。

乾隆貳拾肆年玖月初□日安南國王嗣臣黎維禢謹上表。

安南國王嗣臣黎維禚誠惶誠恐稽首頓首謹上言，乾隆二十四年歲貢方物，臣先叔臣黎維禕，謹已繕理，投文叩請，望達天庭，詎意於乾隆二十四年閏六月初八日，臣先叔違世，遺命以國事囑之於臣。今正值貢儀並舉之期，臣欽奉聖德昭融，皇恩溥洽，臣謹守常儀，以供臣職，曷勝敬天仰聖之至。謹奉表上進者，伏以皇仁浩蕩，孚萬方就日之忱，遠服輸將，遵九牧貢金之式，香修炎徼，誠達紫微。欽惟皇帝陛下天德健行，帝勳光被，酌時宜于三德，平康昭正直之施；弘國道于九經，嘉矜顯柔懷之寔，大小咸孚安勸，邇遐共效尊親。臣逖處午維，澄瞻辰所，《禹貢》曰浮曰達，迢迢寸款之遥；《天保》如升如恒，永永億年之祝[3]。臣下情無任，瞻天仰聖，激切屏營之至。所有奉貢方物，另具本差陪臣陳輝淧、黎貴惇、鄭春澍等賫捧赴京，外臣謹奉表上進以聞。

乾隆二十四年九月初三日安南國王嗣臣黎維禚謹上表。

【校勘】

［1］恩：即“恩”。

［2］貼：即“瞻”。

［3］祝：“祝”前有“媚”，疑爲衍字，今删。

四十五、 安南國兩次歲貢奏文

安南國王嗣臣黎維禚謹奏，爲奉貢事，臣謹守常規，欽遵貢典。乾隆二十一年，正當奉貢之期，臣先叔臣黎維禕與臣國輔國政臣鄭楦，預整歲貢儀物，遴委陪臣及行隨等員名。

本年三月日，先具公文投諸左江道，請至秋仲起程，已爲轉詳總督具疏題達。詎意閏六月初八日臣先叔臣黎維禕違世，遺命以國事囑之於臣，臣謹承囑咐，權管[1]國事，俟命于朝。續奉總督咨報，準部咨奉旨依議，許臣國將歲貢二次儀物恭進，臣請[2]差員目范士銓、阮春暄、謝廷煥等，先詣南關投文，叩請總督繕疏題報，臣即委差員目，搬送儀物，候于關外，□月□日，蒙總督巡撫委員驗寔賜進。臣謹差陪臣陳輝淧、黎貴惇、鄭春澍等，賫捧乾隆二十一年貢方物赴京上進。所有表文并方物數目，使從員名，理合開列于后，臣謹具奏聞。

奉進表文壹通。

奉貢方物：金香爐花瓶肆副，該重二百九兩，折作金子二十一錠。銀盆一十二口，該重六百九十一兩，折作銀子六十九錠。沉香九百六十兩。速香二千三百六十八兩。

差遣共貳拾五員名。陪臣叁員：陳輝淧、黎貴惇、鄭春澍。行人玖名：阮廷彦、張廷財、阮廷贍、黎廷佳、范仲璉、阮朱桓、朱登連、費廷質、陶登譽。隨人拾叁名：黎冠群、阮文瑞、武阮琦、段有壽、阮克諧、張仲達、黎有贍、段克琰[3]、裴德讓、鄭名滂、阮春正、阮嘉慶、劉得成。

自“爲”字至“成”字止，該四百三十一字，字紙五張。

右謹奏聞，右具開册[4]。

乾隆貳拾肆年玖月初叁日，安南國王嗣臣黎維禑奉貢事。

【校勘】

［1］權管：底本作“管權”，字形略顯漫漶，今乙正。

［2］請：另文作“謹”，二字多有互歧。

［3］段克琰：他處皆作“裴克琰”。

[4] 開册：底本作“開開册”，衍一“開”字，今删。

安南國王嗣臣黎維褍謹奏，爲奉貢事，臣謹守常規，欽遵貢典，乾隆二十四年，正當奉貢之期，臣先叔臣黎維禕與臣國輔國政鄭楹預整歲貢儀物，遴委陪臣及行隨等員名。本年三月日，先具公文投諸左江道，請至秋仲起程，已爲轉詳總督具疏題達。詎意閏六月初八日，臣先叔臣黎維禕違世，遺命以國事囑之於臣，臣謹[1]承囑咐，權管國事，俟命于朝。續奉總督咨報，準部咨奉旨依議，許臣國將歲貢二次儀物恭進，臣謹差員目范士銓、阮春暄、謝廷焕等，先詣南關投文，叩請總督繕疏題報，臣即委差員目搬送儀物，俟于關外，□月□日蒙總督巡撫委員驗寔賜進。臣請差陪臣陳輝淧、黎貴惇、鄭春澍等賫捧乾隆二十四年歲貢方物赴京上進。所有表文并方物數目、使從員名，理合開列于后，臣謹具奏聞。

奉進表文壹通。

奉貢方物：金香爐花瓶肆副，該重二百九兩，折作金子二十一錠。銀盆一十二口，該重六百九十一兩，折作銀子六十九錠。沉香九百六十兩。速香二千三百六十八兩。

差遣共貳拾五員名。陪臣叁員：陳輝淧、黎貴惇、鄭春澍。行人玖名：阮廷彦、張廷材[2]、阮廷贍、黎廷佳、范仲璉、阮朱垣[3]。隨人拾叁名：黎冠群、阮文瑞、武阮琦、段有焘、阮克諧、張仲達、黎有贍、裴克琰、裴德讓、鄭名涝、阮春正、阮嘉慶、劉得成。

自“爲”字至“成”字止，該四百三十一字，字紙五張。

右謹奏聞。右具開册。

乾隆貳拾肆年玖月初三日，安南國王嗣臣黎維褍奉貢事。

【校勘】

［1］謹：底本作“請”，疑爲“謹”之誤，今改。

［2］材：他處又作“財”。

［3］垣：他處又作“桓”。“行人玖名”後僅六人，缺三人，據前文當爲：朱登連、費廷質、陶登譽。

四十六、鄭主令使臣觀清朝文廟畫取袞冕體制

初十日，王上謁國子監，正使以病在告，副使黎貴惇侍奉，諭以往觀上國文廟畫取袞冕體制，依樣[1]製造，遞回奉事。

【校勘】

［1］樣：底本作“[illegible]”。字形左“木”右“荒”。

四十七、請許沿途縣官領錢僱傭驛夫啓

五府府僚鄭檡、鄭□、杜世佳、阮貴憖、汝廷瓚等謹啓，計兹年貢部奉差候命官及前路通事各名，例給驛夫遞錢往回共貳百肆拾人。奉照舊例，許沿途各縣官取郵亭錢雇夫，每夫每日程古錢叁陌。迨後郵亭錢已準入調錢别納，癸酉年貢部奉準許取官錢，在户番官照發。兹議依癸酉年例，送户番官照發官錢古錢叁百貳拾肆貫，許各縣縣官領取傭佐借

遞驛[1],以便公務,兹謹啓。

嘉林縣半日程,往期一百三十八夫,每夫古錢一陌三十文,共古錢二十貫七陌;回期一百二人,每夫古錢一陌三十文,共古錢十五貫三陌。往回共古錢叁拾陸貫。

東岸縣半日程,往期一百三十八夫,每夫古錢一陌三十文,共古錢二十貫七陌;回期一百二夫,每夫古錢一陌三十文,共古錢十五貫三陌。往回共古錢叁拾陸貫。

武江縣半日程,往期一百三十八夫,每夫古錢一陌三十文,共古錢二十貫七陌;回期一百二夫,每夫古錢一陌三十文,共古錢十五貫三陌。往回共古錢叁拾陸貫。

安勇縣半日程。往期一百三十八夫,每夫古錢一陌三十文,共古錢二十貫七陌;回期一百二夫,每夫古錢一陌三十文,共古錢十五貫三陌。

保祿縣貳日程半,往期一百三十八夫,每夫古錢七陌三十文,共古錢一百三貫五陌;回期一百二夫,每夫古錢七陌三十文,共古錢七十六貫五陌。往回共古錢壹百八十貫。

景興二十年九月二十日

十月十九日僉知兵番珠壽侯已待令。

【校勘】

[1] 佐:此字底本有劃線,或衍。"傭佐借"全書兩見,"傭借"則常見。

四十八、告哀禮物已繕整

計奉繕整告哀禮,候命奉領各物。土銀三百五十兩、土絹十五疋、胡椒十五斤、黑線香一千株、白線香一千株、扇一百把、方箕紫漆二件并題鑰盛貯各物。

奉差陪臣官奉領各物。紅茤蘿二端,青彤蘿一端;土銀四百二十兩;沉香三十斤;速香七十斤;土絹二百疋;巨函二件,烙青絹十二疋[1];巨函二件,内貯沉香速香;中函二件,内貯土絹各物;小函一件,内貯表函,表函二口付中書作母一口内貯表函;銀包六件,内貯土絹。

景興二十年十月十日

【校勘】

[1] 烙:“烙”字不解,疑或是“赭”字。

四十九、歲貢貢品打發禮物已繕整

計兹期奉整作歲貢二部謝恩二次,所有各物計列于后。

歲貢二部。

貢部儀物。表函一口,夾本一副,小函一口内貯:金子一包二十一錠、銀子二包六十九錠,巨函一口内貯:沉香九百六十兩,巨函一口内貯:速香一千一百八十四兩,巨函一口内貯:速香一千一百八十四兩。

貢二部儀物。小函一口内貯:表函一口、夾本一副,小函一口内貯:金子一包二十一錠,銀子二包六十九錠[1],巨函一口内貯:沉香九百六十兩,巨函一口内貯:速香一千一百八十四兩,巨函一口内貯:速香一千一百八十四兩。

打發并附貢盛貯儀物。中函一口内貯：金子二鎰、銀子二包八十鎰、紅苳蘿一端八尺、青苳蘿三端每端八尺，中函一口内貯：一次絹一百四十七疋每疋二十尺、二次絹五十三疋每疋十九尺，中函一口内貯：一次絹十六疋每疋二十尺、二次絹三十六疋每疋十九尺、三次絹一百三十八疋每疋十八尺，中函一口内貯：黑香一百株、白香八十株陪臣官私物，中函一口内貯：香蠟二瓶、廣紙五千張陪臣私物，中函一口内貯：漆扇六百把陪臣私物、胡椒三斤、黑香六千株。

打發各物。土銀七十鎰、二次絹二十五疋每疋十九尺、三次絹二十五疋每疋十八尺、胡椒三斤、白香二千株、黑香二千株、竹扇二百把、清潔紙六千張、廣一紙[2]六千張、黄蠟四鎰、銀硃一鎰、水油四埕、黑漆圓箕、夾板紫漆三十件。

發買，紙批差筆黑麻繩帆席草心白滕[3]方箕紫漆白錦紙。

打發各物。土銀六十兩、土絹二十九疋每疋十八尺、香蠟五十八瓶、胡椒二十九斤、竹扇二百九十把、黄蠟二鎰、黑圓箕六口、麻繩滕繩、夾板紫漆三十件。

景興二十年十月十日

【校勘】

［1］子：底本作"香"，"香"應爲"子"之誤，今改。

［2］廣一紙：疑應爲"廣紙"。

［3］滕：疑爲"藤"之誤，下段"滕繩"疑爲"藤繩"。

五十、 六番替將書寫已擇

計六番擇差書寫爲替將。黎德呈,吏番岸祿。杜廷瑶,户番瑶祿。黄卓燃,禮番。黎德全,兵番延祿。刑番,伊番官備計,該合守令書寫等,無有某名稱當。阮登科,工番。

景興二十年九月二十日

五十一、 黎貴惇請回鄉啓

入侍添差奉差副使翰林院侍講黎貴惇謹啓,爲恭乞洞照事,臣濫奉使軺,行期在邇,恭乞準許回貫整治私裝一个月,再赴京奉侍候差公幹,兹謹啓。

景興二十年九月二十日

五十二、 左江道咨報奉旨許貢

十月十二日,左江道咨報,奉旨許貢。天朝廣西分巡左江兵備道管轄南太鎮泗四府漢土州峒司等處地方加三級紀錄五次張，爲飭行遵照事。乾隆二十四年九月初五日，奉兵部尚書總督兩廣部堂李憲牌，乾隆二十四年八月初八日，據該道呈準，安南國王嗣黎維禍文，開本國臣事天朝，本年正值兩貢並[1]，謹已繕整儀物，遴委員役，俟期賫進。詎意閏六月初八日先國王違世，囑付姪黎維禍權管[2]國事，俟命于朝，禮有告哀，曾蒙前憲具題，準與貢期一體附奏。爲此具由投達，轉詳題請，如蒙賜允，預先通報，俾本國得以欽遵，貢期並進，等因。應到道轉呈到，本部堂據此除繕疏具題，候部覆到日，另繳行知遵照外，合先飭行備牌本道照依事理，即使備移該國王知照毋違等因。奉此，應咨會，爲此合咨貴國王，請煩查照施行，須至咨者。右咨安南國王。

乾隆二十四年九月十七日

【校勘】

［1］兩貢並：疑有脱字，或是“兩貢並舉”。

［2］權管：底本作“管權”，當爲“權管”，今改。

五十三、 請沿途鎮官添兵護送

計兹期歲貢告哀二部儀物，奉照事例，應有奉差護貢官兵，奉仿應差右勝奇暹武侯、後勝奇敦恭侯護送貢物，兹二奇軍數寔在頗少，應待貢期，仍奉傳京北諒山等處鎮官，各炤本轄地界量差鎮兵加護，以濟公務，恭望上裁。

景興二十年十一月二十日

二十六日僉知兵番珠壽侯已待令。

五十四、 令諒山地方官查歲貢有告哀禮者替將冠服行儀舊例

五府府僚等官計，奉傳諒山處督鎮官香嶺侯枚世準、督同官阮宗理等，係舊例貢期，其奉差替將冠服行儀，朝衣大紅緞一領，朝帽一頂，銀帶一具，籠帽一件、圓扇一把、雨軸蓋一把、鞋一對、轎七桭一座，並傳本鎮整卞[1]。兹貢期在邇，應作急照例預備，及期應用，以濟公務，兹奉傳。兹部歲貢有告哀禮，其替將冠服當用某色，應詳查舊例裁制，以合禮儀，仍具寔遞達。

景興二十年十一月初八日

【校勘】

［1］卞：此字難以索解，或是用作"辦"之義。

五十五、 諒山請改與京北交接地爲枝棱驛

前四月日諒山有啓鳴遞驛事，至是始議，奉差諒山督鎮正首號後勇奇該奇管右校點香嶺侯枚世準、督同翰林院校討阮宗理等謹啓，爲轉遞洞達事。臣等竊照本轄舊奉準定疆界，下自先麗、上至南關，每歲貢期本處丁夫齊就界首接

領遞錢[1]。自乙巳年以後,其先麗、嘉關、綺席、和樂四社,奉取入歸京北處,從此改定規例,每有遞接使臣,其抬擔丁夫等候在枝棱驛。迨癸酉年貢期奉見日程猶[2]舊,夫數更多,事屬偏重。兹年貢事在邇,七州軍民備以其事爲鳴,懇乞遞達。臣等爲此具將這单轉遞洞達,恭乞付下議行,參酌改正夫驛事例,俾邊遠小民,庶得蘇息,仰付所望,兹謹啓。

奉轉遞本處鳴詞小紙貳張。

景興二十年四月初□日

【校勘】

[1] 錢:底本旁有校改,或是“前”。

[2] 猶:底本作“[illegible]”。

五十六、 令京北護送使團至支棱驛

五府府僚等官計,奉傳京北處鎮守衙門官等,係兹期諒山處督鎮官香嶺侯枚世準,有啓備陳。本處舊例,疆界下自先麗上至南關,每於貢期本處兵夫就界首接領。近來伊轄先麗、嘉關、綺席、和樂四社,歸入京北處,從此每有迎接使臣,其諒山處擔夫,候自支棱驛。迨癸酉年貢期,奉見日程猶舊,夫數更多,恭乞議行改正等情。間已查寔經議,係先麗等四社已奉取歸京北處,即諒山界首,起自支棱,自後諸有公務,其京北當驛至支棱,交與諒山接領,以辨疆界等因。應轉報知悉,照遵奉行,兹奉傳。

景興二十年十一月二十四日

五十七、 令諒山自支棱驛接領公務

五府府僚等官計,奉傳諒山處督鎮官[1]右校點香嶺侯枚世準、督同官阮宗珵,係有啓備陳。本處舊例,疆界下自先麗上至南關,每於貢期本處兵夫就界首接領。近來先麗、嘉關、綺席、和樂四社,歸入京北處,從來每有迎接使臣,其擔夫候自支棱驛。迨癸酉年貢期,奉見日程猶舊,夫數更多,恭乞議行改正等情。經議係先麗等四社已奉取歸京北處,即諒山界首起自支棱,嗣後諸有公務遞驛,當自支棱接領,以辨疆界。已傳京北鎮守衙門官,照遵奉行等因。應傳報知悉,兹奉傳。

景興二十年十一月二十四日

【校勘】

[1] 督鎮官:底本作"鎮ˇ督官",旁有倒乙符號,從之。

五十八、 諒山處七州各社庄租庸調錢

計諒山處七州各社庄,舊例全[1]年租古錢六百五十六貫四陌十七文,庸古錢四千八百九十貫九陌,調古錢二千四百四十五貫四陌三十文,租庸調各共古錢七千九百九十一

貫七陌四十七文[2]。

景興二十年九月十日

【校勘】

[1] 全:底本作"仝"。

[2] 七千九百九十一貫七陌四十七文:總數不確,租庸調合計爲七千九百九十二貫七陌四十七文。

五十九、 司天監奏賜使臣宴并起程之吉日

司天監入侍内司天令興化等處贊治承政使司承政使順嶺伯丁公暐謹啓,計奉擇穀日賜使臣宴并起程等日。

候命官起程用本月十六日壬辰辰時上吉。

賜内宴用來年正月初十日丙辰早時上吉。

賜外宴用來年正月十一日丁巳早時上吉。

護使官起程用來年正月二十日丙寅卯時上吉。

陪臣官起程用來年正月二十八日甲戌辰時上吉。

景興二十年十二月初□日

六十、 令給牌爲候命官及屬隨徵發擔夫

府僚等官計,奉傳兵部衙門官等,係玆期奉差候[1]命官

往關上公務及替將通事醫院中書探兒等屬隨應務，以十二月十六日起程。奉準許驛夫有差，往期一百十一擔，回期八十擔等因，應照計開後[2]依例給牌，得便往回，以重公幹，兹奉傳。

翰林院待制范仕銓。擔夫二十四人，回減半。

京北道監察御史阮春暄。擔夫二十人，回減半。

禮科給事中謝廷焕。擔夫十八人，回減半。

替將户番書寫杜廷瑶。擔夫六人。

通事李廷珍、阮惟瑨、曹文元[3]、曹世綿等。擔夫共二十人。

醫院潘卓恁[4]。擔夫五人。

中書監華文學生阮名熒、阮門等。擔夫共十人。

探兒阮得財、阮勢琢等。擔夫共八人。

景興二十年十二月初十日

【校勘】

[1] 候：底本作"侯"，"侯"應爲"候"之誤，今改。

[2] 後：底本作"后"，今改。

[3] 曹文元：前文作"曹文允"。

[4] 潘卓恁：前文作"潘卓僫"。

六十一、 使臣請依照癸卯年以後事例給發夫數

計啓奉差正使陪從禮部右侍郎沛川侯陳輝淧等備陳保泰年間，準給貢部夫擔官錢置函，準每夫古錢五貫，陪臣行隨私擔，每夫古錢三貫，又官物二十三函，九十六夫，古錢四

百八十貫，付護貢等，正使二員，每員七十夫，古錢四百二十貫，副使一員六十夫，古錢一百八十貫，内差三員，行人六名，每員二十人，隨人十三名，每名二十夫，錢各有差，並行奉傳付陪臣領取傭借。其諒山原受貢使、欽使供頓夫馬等事，除庸調，無給傭借，係貢使起程，諒山鎮即整備民夫接驛，與上項夫擔錢不相干及。自此至永佑丁巳貢部並同，近來辛酉丁卯二部，參酌不一。迨癸酉年復依準例，諒山應受貢使夫馬各役，有上項擔夫錢，未依舊例控抽諒山所受驛錢，致傭借頗有未敷。乞兹年貢部一依癸卯年以後事例，給發夫數等情。

查癸卯年以後貢部例，奉許依所乞。

景興二十年七月二十日

六十二、 使臣請依照癸卯年以後事例給發夫擔實數啓

奉差正使陪從禮部右侍郎沛川侯陳輝淧，副使添差知兵番翰林院侍講黎貴惇、待[1]制鄭春澍等謹啓，爲恭乞準給夫擔寔數事。臣等奉照舊例，官物貢函與陪臣私擔，遞期照補京北處六縣丁夫遞驛抬擔，至諒山界，諒山州民受驛遞至關上。自保泰癸酉行調法，併入户分，始準放給官錢官物貢函，準每夫古錢五貫，陪臣行隨私擔，準每夫古錢三貫。考其初議，只此以前，因借一夫，應受替納至七八貫，故準定其數以寬民，初非計日程而定錢數也。這部官物二十三函，九十六夫，共古錢四百八十貫，副使一員六十夫，共古錢一百

八十貫，内差三員行人六名，每員名二十五夫，隨人十三名，每名二十夫，錢各有差，並行奉傳付陪臣行人領取傭佐[2]借。京北民夫遞驛，自此至丁巳年五部並同一例，其諒山處原定應受貢使欽使供頓夫馬等事，免收租庸調，無有給傭借錢，係貢使起程，行文鎮官，整備民夫，等候接驛。中間伊鎮庸調徵赦不一，然其徵則民免應役，而擔錢亦不聞加增，其赦則民受驛遞，而擔錢亦不有抽減。逮辛酉年，以諒山彫殘，許使臣行隨，各取饒夫，除爲私擔，其貢函擔夫，照發官錢。丁卯年以伊鎮猶存殘破，取京北衛兵代擔貢函，令伊鎮應受使臣行隨抬夫三分之一，存二分併照[3]夫數、日程，量放職色，取錢傭雇。這二部並是權宜，近癸酉年議以鎮轄底[4]寧，方民回復，依舊準例，應許[5]受貢使、欽使供頓夫馬各役，傳鎮官併補整備遞驛，其上項擔夫錢所當依例給發，無容更有除減。這日計發擔錢，乃謂内併諒山所受五日程，除却古錢一千二百十三貫一陌三十文，京北所受四日程，存一千九百二貫八陌三十文，照發其所除錢，亦不聞付發，伊處領取還，是於使臣行隨當得之例，空行抽減。竊以爲先朝癸卯貢部奉準成例，在京北既有調錢，仍許公錢傭借擔夫，原無準定，每日千錢之例，其諒山既有調錢，自當受驛，今如依癸酉年所議，是名爲照例發夫擔錢，而從中又控抽諒山已受驛錢，致傭借頗有未敷，恐非體悉遠介從役之意。爲此冒陳謹啓，恭望高明洞燭，傳下公議，準依癸卯年以後事例，給許貢函官物，及陪臣隨行傭借擔夫錢，各得寔數，仍行奉傳付護鎮官及陪臣行人奉領，以合舊規、便公務，仰付萬望。

景興二十年七月二十日

【校勘】

［1］待：底本作“侍”，“侍”，當爲“待”之誤，今改。

［2］佐：字或衍。

［3］併照：底本有倒乙符號。

［4］厎：同“底”，通“砥”，平服。

［5］準例，應許：底本作“例✓準”“許✓應”，今乙正。

六十三、 歲貢告哀擔夫應發錢數啓

五府府僚等謹啓，計兹期歲貢并告哀等部，奉準官物貢函擔夫，每夫古錢五貫，陪臣行隨私擔，每夫古錢二貫，各共古錢二千四百四十五貫，恭乞領取，送户番官取官錢照發，兹謹啓。

官物十一函，八十四夫，共古錢四百二十貫，付護貢等官。正使一員七十夫，共古錢二百十貫。副使二員，每員六十夫，共古錢三百六十貫。行人九名，每名二十五夫，共古錢六百七十五貫。隨人十三名，每名二十夫，共古錢七百八十貫。

景興二十年十二月初□日

六十四、 令諒山地方迎護使臣

五府府僚等官計，奉傳諒山處督鎮後内水隊肅城侯黎端愷、督同阮宗珵等，係前癸酉年貢部，已奉準依舊例，本處受歲貢欽使贊見供頓夫馬修作臺館橋梁各役，兹貢期在邇，乞候命護貢陪臣及行隨各員名已擇日起程等因。應照計[1]開后，依準定内，預先轉送[2]整備衔遞夫擔，依期候在諒山界首，如見京北處遞至，即接領轉遞進行，以重公幹，其贊見供頓并修理臺館橋梁等事，仍遵照[3]前傳奉行，若疏忽緩欠及藉端滋事，有公法在，兹奉傳。

候命官擔夫，共一百十一人，已於本月十六日[4]起程。護貢官貢函擔夫八十四人，已於來年正月二十日起程。陪臣及隨行各員擔夫共六百十五人，來年正月二十八日起程。

景興二十年十二月十八日

【校勘】

［1］照計：底本作“計照”，二字間有倒乙符號，從之。

［2］“預先轉送”後：底本有“進行以重”四字，字上有删除符號，應涉下文而衍，今删。

［3］遵照：底本作“照遵”，二字間有倒乙符號，從之。

［4］本月十六日：底本“十六”左上旁添“二”字，上文多處有候命官十二月十六日起程的記載，如上文“令給牌爲候命官及屬隨徵發擔夫”條下：“府僚等官計，奉傳兵部衙門官等，係兹期奉差候命官往關上公務及替將通事醫院中書探兒等屬隨應務，以十二月十六日起程。”“令諒山地方迎護使臣”條下：“候命官擔夫，共一百十一人，已於本月十六日起程。”

六十五、令工番差水兵船隻

計兹年貢部已擇庚辰年正月二十日，護貢官兵起程，是月二十八日，使臣官起程等因，應送工番官照例預差水兵并船隻，務在整齊，至日護送渡河，以合規例、重公幹，兹奉送。

景興二十年十二月二十三日

六十六、令奉天府構亭

五府府僚等官計，奉傳奉天府尹衙門官等，係兹期陪臣官等，奉往北使，擇來年正月二十八日起程，例有餞行等因，應構亭于東津，至日會餞，以重使臣，兹傳。

景興二十年十二月十三日

六十七、左江道官送來咨文及總督公文

是月初六日，左江道官送來咨文及總督公文，内言繳回歲貢表稿四道，其告哀表二道存候部覆，别行知照。

天朝署理廣西分巡左江兵備管轄南太鎮泗四府漢土州縣崗司等處地方加三級紀錄五次鍾，爲投報公文事。乾隆二十四年十一月初十日，奉兵部尚書總督兩廣部堂李憲牌，内開乾隆二十四年十月十五日，據該道呈稱乾隆二十四年九月二十九日，據崇善縣申準龍憑营都閫府勇移送安南國

王夾板公文，傳繳到道，當將公文折閲。内開[1]，安南國王嗣黎，爲咨文事。本國臣事天朝，乾隆二十一年、乾隆二十四年，正兩貢並進之期，本國唯命是遵，更有懇者，本年閏六月日，先國王違世，於七月日照例再具告哀咨文，請爲具疏題達，準及貢期附奏，今玆請進貢，已奉準依。唯附奏告哀事，尚俟另覆，如奉賜允，覆報到日，方行投遞，屈指程限，必在來春，衹恐貢期或至差緩。爲此繕修表本二道，一便并將候委看繳，其陪臣行隨，已擇於九月下旬起程，其歲貢與告哀儀物，一齊搬運。希望照内事理，轉遞上憲詳看表奏本稿，核正繳回，如蒙旨允，許本國附奏告哀，與歲貢並進，續行覆報，謹即遵依繕寫，訂期啓關接護，以竣大典，等由。計繳抄白歲貢，并告哀表奏本稿，及夾板公文一套，各到。本部堂據此爲查，安南國王告哀，請與貢期附奏，業經據情繕疏具題，現在尚未準到部覆，所有該國告哀奏本稿，既憑懸揣核發，惟據咨稱，如奉允覆報到投遞，貢期或至差緩。玆先將歲貢表奏本稿核明發回，該道查照往例轉送繕正外，其應進歲貢告哀儀物，該國可先行照備齊足。至告哀奏本稿，存俟部覆一到，核明酌填，另行耑差發道轉送，該國立即[2]繕正，隨同一體呈進。據咨前由除照覆安南國王外，擬合就行備牌，仰道照依事理，即將發來安南國王歲貢表奏本稿，查照往例，轉送該國先行繕正，其歲貢告哀儀物，俟準有部覆核明酌填，該國告哀奏本稿到道，立即轉送繕正，訂期啓關，一體接護。詳請核題，并將發來安南國王公文一角轉發傳遞，切毋遲違，速速計發回抄白，安南國歲貢表奏本稿四本，公文一角等因，奉此擬合咨移，爲此合咨貴國王請煩查照，希將移来，督憲發回歲貢表奏本稿，先行繕正。其應進歲貢告哀儀物，亦即照備齊足，俟奉準部覆，核發酌填，告哀奏本稿到道之日，另行轉送繕正，訂期啓關，接護施行，須至咨者。計移送督憲公文一角、歲貢表奏本稿四本。右咨安南國王。

乾隆二十四年十一月十九日

兵部尚書兼都察院右都御史總督廣東廣西等處地方軍務兼理粮餉紀錄三次李，爲咨文事。乾隆二十四年十月十五日，據該國王嗣黎咨文，内開本國臣事天朝，乾隆二十一年、乾隆二十四年，正貢儀並進之期，本國唯命是遵，更有懇者，本年閏六月日，先國王違世，於七月日再具告哀文，請爲具疏題達，準及貢期附奏。今前請進貢已奉準依，唯附奏告哀事，尚候另覆，如奉賜允，覆到日，方行投遞，屈指程限，必在來春，祇恐貢期或至差緩。爲此繕修奏本二道，一便并將候委看繳，其陪臣行隨，已擇於九月下旬起程，其歲貢與告哀儀物，一齊搬運。希望照内事理，委看表奏本各稿繳回，如欽蒙旨允，許本國附奏告哀事，與歲貢並進，續行覆報，謹即遵依繕寫，再祈委員驗寔，訂指日子臨關啓鑰，接護本國使從赴京上進，以孚恭順之忱。除備錄表奏本稿候看繳外，所有儀物數目、使從員名，理合開陳等情，連開上進方物及陪臣行隨員名數目，并據左江道呈繳抄白表奏本稿各到本部堂，據此爲查該國告哀，請與貢期附奏，業經據情繕疏具題，現在尚未準到部覆，所有該國告哀奏本稿，既憑揣核發，惟據咨稱，如奉允覆報到投遞，貢期或至差緩。兹先將歲貢表奏本稿核明發回，該道查照往例轉送繕正，其應進歲貢告哀儀物，該國可先行照備齊足，至告哀奏本稿，存俟部覆一到，核明酌填，另行耑差發道轉送，該國立即繕正隨同一體呈進，據咨前由合就照覆，爲此照會，前去查照施行，須至照會者。右照會安南國王。

乾隆二十四年十月二十日

【校勘】

［1］内開："内"後有一"府"字，底本上有删除符號，從而删之。

［2］立即：底本作"即立"，二字間有倒乙符號，從之。

六十八、 司天監呈吉日啓

司天監入侍内司天令興化等處贊治承政使司承政使順嶺伯丁公暐等謹啓，計奉擇穀日寫表柬。用本月十六日壬辰辰時上吉，兹謹啓。

景興二十年十二月十日

六十九、 諒山地方呈替將服色啓

奉差諒山處督鎮正首號後勇奇該奇官權府事右校點香嶺侯枚世準、督同翰林院校討阮宗理等謹啓，計兹期恭奉，奉傳預備替將冠服行儀等項，并查舊例歲貢部有告哀禮，替將冠服當用某色，奉查本處藩室寶候阮廷禄等[1]，備謂壬子年貢部，其替相朝衣用绿色緞[2]，朝帽無金飭[3]，與老目黄廷紹亦謂朝衣用青色緞，爲此備因遞達，兹謹啓。

景興二十年十一月二十日

【校勘】

［1］室：底本有劃點。下文記阮廷禄官爵爲“正右號首號宣慰大使姜寶侯”，“藩”字下疑奪一“臣”或“目”字，下文有“藩臣韋世藩”“藩目……韋世藩”。

［2］緞：底本作“緞”。下同。

［3］朝帽無金飭：底本作“朝帽無無金飭”，下文有“冠無金飭”之説，故後一“無”字當衍，今删。“飭”，通“飾”。下文底本多處作“飾”。

七十、 令諒山地方詳查替將服色

五府府僚等官計，奉傳諒山處督鎮衙門官等，係玆期有啓備陳，奉查壬子年貢部有告哀禮，其替將朝衣用绿色緞，冠無金飾等情，應許詳查，是年告哀禮用此服色，其貢部禮或有别换某色，或止用這绿色，一體行禮，應作急遞達及備開節次詳悉及期公務，玆奉傳。

景興二十年十二月初二日

七十一、 令諒山地方預造替將衣服

五府府僚等官計，奉傳奉差諒山處督鎮官肅城侯黎端愷、督同官翰林院校討阮宗理等，係前期奉傳查替將冠服，從前貢部有附告哀禮，當用某色，玆有啓備謂壬子貢部替將朝衣用绿色緞，朝帽無有金飾等因，應照前傳，内開替將朝服冠帶鞋對并行儀等物件，依壬子貢部色樣預造，及期應用，以濟公務，兹奉傳。

景興二十年十二月十八日

七十二、 候命官喃字啓

奉差候命范士銓、阮春暄、謝廷煥等謹啓明䙡。德上闖闖𪛟御咍，𦝄尼眆蓮[1]𢆥，衆碎㐌𢧚起程，群暫駐處北市梂驛，眆𠄼进衆碎𢧚差通事往關上，朱叶具副守隘，其前路通事，查控内地消息之渚，時固詞術朱衆碎特别，底衆碎𢧚遞進，丕沛洞達御咍。衆碎明䙡，德上閉閉𢆧。兹謹啓。

景興二十年十二月初二日

【喃字部分漢文翻譯】

奉差候命范士銓、阮春暄、謝廷煥等謹啓叩拜。上德萬萬歲御照，本月十六日，臣等奉命起程，仍暫駐處北市梂驛，二十日臣等奉差通事往關上，以合於副守隘，其前路通事，有無查詢内地消息，已查則應報知臣等，以便臣等遞進，爲此具陳洞達。臣等叩拜，上德萬萬歲！兹謹啓。

景興二十年十二月初二日

【校勘】

［1］蓮：據阮氏雪女史説，當爲“邁”。據上文，司天監選定十二月十六日候命官起程。

七十三、 責候命官文書不當

五府府僚等官，奉傳候命官范士銓、阮春暄、謝廷焕等，係文書遞送，從來自有規例，兹期有啓置箭直遞上聞，内無緊重事情，且語脉不相接續，殊涉徑瀆，恭奉旨下切責等因。應轉報知悉，嗣後應用心仔細，如有内地文書礭[1]報，及事關緊切，方得立箭遞達。即事在常行，只當修啓納在公店，其用心措辭，亦須十分審熟，務在合宜，若徑率乖疏，大干不便，兹奉傳。

景興二十年十二月二十二日

【校勘】

［1］礭：同"確"。

七十四、 諒山地方再稟替將冠服禮制（附韋世藩等人申詞）

奉差諒山處督鎮後内水隊都指揮同知肅城侯黎端愷、督同阮宗珵等謹啓，计兹期恭奉奉傳詳查替相冠服，備開節次遞達，奉查本處藩目[1]幹壽侯韋世藩等，備謂壬子年貢部有告哀禮，其替相朝衣用绿色緞、帽無金飾，其貢部禮亦只用這绿色，一體行禮，爲此備因洞達，并將韋世藩等申詞遞納,兹謹啓。

景興二十年十二月十日

諒山處藩臣中一號首號宣慰使幹壽侯韋世藩、正前號首號宣慰大使鵬武候阮克臺、正左號首號宣慰大使环壽侯黄廷逞、正右號首號宣慰大使姜寶侯阮廷禄、正後號首號防禦使傳基伯何國纘、守隘號副號招討同知琨仲侯阮廷璿,全本處等申,計兹期承查壬子年貢使部有告哀禮,其替相朝衣用绿色緞,冠無金飾,其貢部禮或有别换某色,或只用這綠色,應備節次詳悉待憑遞達。其藩臣韋世藩等奉見壬子年貢部,某告哀禮貢部禮替相朝衣一體用綠色緞,冠並無金飾,兹承查及,因此兹申。

景興二十年十二月十日

【校勘】

［1］藩目:疑應爲“藩臣”。

七十五、 使臣冠服樣式令

計查前届告哀部陪臣冠服例,照壬子年替將朝衣用綠色緞,冠無金飾,其使臣亦同一體,等因,應送奉差陪臣等知照。

景興二十年十二月二十日

七十六、 令户番撥發使臣行隨擔夫錢

計兹期歲貢并告哀等部，奉準官物貢函夫擔，古錢五貫，其陪臣行隨私擔，每夫古錢三[1]貫，各共古錢二千四百四十五貫。其正使一員，副使二員，及隨人十三名，於九月期，有啓乞照依準例，預領古錢一千三百五十貫，整辨公裝，已奉送伊數給發，兹應上照發官物貢函二十一函，八十四夫，共古錢四百二十貫，付護貢官領取。及行人九名，每名二十五夫，共古錢六百七十五貫，付行人各名、通事醫院侍選工番中書各名領取，以上共古錢一千九十五貫，以叶舊規，兹奉送户番官照發。

景興二十年十二月二十日

【校勘】

[1] 三：底本原作“五”，有校改爲“三”，據上文“三”是。

北使通錄卷下

一、和　州

辛巳乾隆二十六年

六月

二十六日、二十七日仍駐。風順，由舟人販鹽不行，遣通事請欽差官開船，猶許舟人商賣，托以風少未可行爲辭。

二十八日巳時，行一百三十里，酉初至畝下河駐。地屬和州。

二十九日巳時，行三十里，至西梁山，無風，駐。

二、太平府

七月

初一日，仍駐，初二日，行二十五里，至江邊沙洲[1]，無風，駐。地屬蕪湖，與四合山對岸。初三日、初四日、初五日、初六日，大風雨，仍駐，初七日、初八日、初九日、初十日、十一日、十二日，無風並仍駐。十三日，午時行二十五里，申至蕪湖縣城駐，發船户銀，整禮祭江祈神祠。以下常祭並同，不贅書。十四日辰時，祭江南省大江水官之神。

維乾隆二十六年，歲次辛巳，七月丁酉朔，越十四日庚戌，安南國陪臣陳輝淧、黎貴惇、鄭春澍等謹以清酌潔牲金銀等物,敢昭告于天朝江南省大江河伯水官之神位前,曰:“鬱焉莫訴,弗敢弗告,情也,亦禮也。玆陪臣等奉本國王命,入貢帝廷,事竣奉旨回國,經由水路。昨自省城换船,候風已七八日,曾具寸牋,虔伸叩禱,纔獲順颺[2],一逾江口,沙洲阻泊,又至浹辰,是用怛懷[3]。自知獲戾,今幸風微轉力,抵蕪湖縣地方。訂以本日進程,重荷罔恫,每㥽靡及。竊念生等馳驅萬里,跋涉半年,冒風塵、披霜雪,求以達下國之珪璋,邀天庭之綸綍,王命在身,所係至重。每欲式遄其歸,早報欽使入關之期,庶敝[4]邑無忝於謹度求[5]章,而行人亦少合不辱有光之義。迺今前程尚遠,行色太遲,即介使緩於達信,其責固不敢辭,而賓禮之□忙,下國將安所諉?尊神名高祀典,秩上公侯,思所以贊聖朝懷柔之德,必不忍以生等無狀,而靳於垂庇也。爲此再抒悃款,瀆籲慈光,伏望洞賜鑒觀,孔弘相佑,連旬敷調順之休,一路消難阻之慮,俾生等泝流兼程,及早復命,綽然餘裕,完此事功,不勝激切翹徯之至。謹告。”

欽差官送雨前茶各一包,百盞酒各一瓶,致詞答謝,其日順風仍駐。

十五日辰時,行八十里,未刻半至繁昌舊縣駐。風方順,舟人責鹽,遣請進行,彼答明早。

【校勘】

[1] 沙洲:底本作“沙州”,下文祭文曰“一逾江口,沙洲阻泊”,今據改。

[2] 颺:底本作“[illegible]”。

[3] 懷:底本作“㥽”,“懷”之俗體。今改。

[4] 敝:底本作“敞”,當爲“敝”字。

[5] 求:底本作“[illegible]”,缺右上一點,據下文定。下文有“庶使秉禮求

章之屬國，長荷光輝，制節謹度之外臣，頓消罣礙”，該句前後“求章”“謹度”相對使用。

三、池州府

十六日巳時，行七十里，酉刻至丁家洲駐。

十七日巳時，行十里至銅陵縣城外控油港駐。使臣令言於欽差官，乞進行，二伴送又親詣。伊待其家人領站，要地方官送禮物，托辭以管船言，前途風勢未順。羅伴送呼官船，罵其欺誑。使臣又遞帖，略言“前廟[1]每自江南省至湖口縣，並以縣城多去江岸遠，遣人先行領取廪粮，請照遵舊例，免致等待耽閣，乘此風力□路，且欽差册使將出京，一月可到武昌，而使船遲其行，將何以先回復命?”伊復帖云:“已差家人前至銅陵，非待領站。到長江一路安危所係，不得不問之船户，耕問奴，織問婢，乃所當然，非是故爲遲滯，至於船途經過地方拜客，天朝自有定例，亦不得省簡也。”使臣再具帖言:“捧接來教，殊深踧踖，僕等敢仰謂故爲遲滯? 只以大人一向寬慈，管船得以任情説□耳，如打頭風及□□之日，萬萬不敢形諸説話，惟是東風順便，有目者見日色猶高，尚可走路，是以瀆請，今以三貢使、二委官與諸船户合辭共言，而不能勝一號管船之説，僕等從此不敢言矣。如據伊所言，敢乞半刻鳴鑼，或差某船先進，情僞可知，風勢可惜，日力尤可惜，不得已再三上呈，惟海量是恕。”答:“今天已晚，明早就行。”上岸有龜山[2]，上有三官廟，正使、甲副使官同謁，小步港口遊覽，其夕月色清佳，東風和軟，二伴送來説:

“好風，不□船可惜，半日功夫，減却七八十里路。”使臣答：“吾等力言不見聽，可若何？”

十八日辰時，行一百里，酉初至上池口塘駐。

十九日辰時行過貴池[3]縣一百二十里，申刻至安慶府城花園澤港駐。

【校勘】

［1］廟：“廟”字不辭，底本上有校改爲“期”，或是“期”“朝”等字之誤。

［2］上岸：二字底本有倒乙符號。鼂：底本作“[illegible]”。

［3］池：底本原作“地”，後改作“池”，從之。

四、安慶府

二十日仍駐懷寧，縣官張肇揚來拜及送下程，遣辭不敢當。仍差答謝手帖云：“客年船經蕪湖，曾伻敞介面謁台光，辱荷殷勤，殊深忻慰，今乃喬遷貴省，景慕曷勝？僕等竣事回還，暫泊江口，不敢勞動地方，以致疏於攢篚，遽蒙盛貺，先施芳緘下顧，且喜且慚，去城頗遠，未能躬候[1]，特委通士代謝，所有方儀數種，聊表微悰。”□璧[2]謝，寄帖回拜欽差官，送桃脯二包并時物。

二十一日、二十二日、二十三日、二十四日，並守風駐。

二十五日辰時，行七十里，酉至路灌溝駐。屬望江縣，與東流縣對面稍下。

二十六日辰時，行六十里，酉時至華[3]陽鎮駐。此處柴薪賤。

【校勘】

［1］候：底本作“侯”，據文義改。

［2］璧：底本作“壁”，“壁”字誤，當作“璧”。

［3］華：底本作“⿱厶⿰人人”，查今有華陽鎮，道里相符。

五、九江府

二十七日辰時，行六十里，申時至[1]彭澤縣對岸沙洲駐。

二十八日、二十九日並阻風駐。

三十日辰時，行六十里，申初至湖口縣對岸八里江駐。風方順，欽差待縣官來拜，不行。

八月

初一日，無風，仍駐。

初二日，少風，行十里，至沙洲駐。

初三日，行四十里，未初至九江府城港駐，遣通士呈巡官放□，德化縣官周鑑來送拜帖，遞滿桌漢桌各一筵、紹酒一罈，仍差答謝手帖曰：“乍經花境，遥挹芝顔，未敢唐突躬候，乃蒙孚惠先施，芳摵[2]下顧，雖百朋在即，何以加諸？謹不腆方儀，耑人奉答，聊表微忱，統祈莞諒。”伊取數色，致詞回謝。是日道遇新進士歸鄉船兩隻，旗揭“新科翰林院”字，艙中親眷甚衆。查□年三月初八日入第一場，放中格二百七名，伊等殿試應制受官訖，方告假歸覲，我使以初二日出京，而復與相遇，迟滯如此。

初四日卯時，祭江西省山川及河伯之神，亦同祭各省文，約寫今抵九江府德化縣地方。賞四船兩[3]，差侍選通事上街，收去年所定造作花瓶，照償清還，仍謹貯待回進，午時風色順，舟人賣鹽不行，遣言於欽差官。不咱[4]。

【校勘】

［1］至：底本後有“鼓”字，當爲衍文，今刪。

［2］摵：即“槭”，同“緎”。

［3］賞四船兩：語句不順，疑奪一字，本爲“賞四船銀兩”。

［4］咱：爲“聽”之俗字。

初五日風大順，仍駐，遣請開船，伊謂舟人言只行得三十里此風便逆，姑待之。再差言，江路迴轉，舟子所諳，固不敢辨，但待順於彼則逆於此，將如之何？伊因以對，只答明日而已。大要伊耑咱其筦家，管家又私與舟人販鹽，到處商賣，只支辭强説以應我。午時伊邀甲副使官到船，以筆談詩談文。問：“貴國制何如？”曰：“亦仿中朝。”“開科何如？”曰：“一樣。”“官員有幾？”曰：“内外四五百員。”曰：“何少？”曰：“官任得人，不在員多。”曰：“行儀何如？”曰：“尊卑大小，各有等級，僕等來此，舊例只有二十五名，從便簡略，到國則依本國，大凡傔從節眷，皆有官者分内常事，非高雅之所屑道也。”伊笑問：“通事如何？”曰：“伊[1]等傳導言語，有勞例酬，雜流小職耳。”伊設酒飯、鹽荔枝，問：“南方有否？”曰“最多。”曰：“貴國産物如何？”曰：“傳記不曰稱奇草木皆在南方乎？不敢過説，《西遊記》有云，中華雖是中華，雖是大邦，其窮無比[2]，此非僕等捏[3]言也。”伊笑曰：“可數貴邦有甚佳異。”曰：“沈抏[4]速桂，從來共傳，金銀銅铁，在處亦足，食物則清華之燕窩、海陽之瓦壟、乂安之乾魚、京北之魚膠、唐豪之荔枝、嘉林之菠蘿蜜，藥物則高平之仙茅、太原之砂仁、乂安之人參、京北之山藥、山西之何首烏三七，是各上品，其他山海雜物，何可勝數?”曰：“貴國王常駕出巡幸否?”曰：“一遊一豫，固不能不循古典，但非無事而出耳，十年之前，本國多寇孽，國王自將親征，經理宇内，一皆平定。”伊曰：“何至如此? 貴國有何寇賊?”“不過溪峒苗蛮。”伊曰：“如此，天朝亦有之，雲貴最多。”又泛話片刻，告回。

【校勘】

［1］曰伊：原乙作“伊曰”，今正。

［2］比：底本作“此”，“此”爲“比”之誤，《西遊記》第三十七回《鬼王夜謁唐三藏 悟空神化引嬰兒》：“太子道：‘你那東土雖是中原，其窮無比，有甚寶貝，你説來我聽。’”。

［3］捏：字存疑，底本作“[illegible]”。

［4］拡：即“擅”，同“檀”，即檀香。

六、黄州府

初六日巳時，行四十五里，申至陸家司風息駐。屬湖廣省黄梅縣。

初七日午時，行十里，至新開口馹駐。

初八日、初九日，仍駐，由欽差管家人陳魁前站船賣私鹽，爲馹上巡司察出，捉船户二人、鹽百斤，餘送縣。縣官欲動文申詳，欽差尚使解説，以是未行。

初十日巳時，行四十里，申刻到中廟塘，大風雨，駐。

十一日無風，行五里至武穴□駐。屬廣濟縣，大市鎮，貨俱備，舟船多聚。

十三日欽遇天皇帝萬壽聖節，使臣行詣欽差官船，望闕行三跪九叩禮，仍駐。

十四日，仍駐，欽差官帖送甲副使云："聞貴使有新製《史辨》，何不攜來一觀？倘稱惜之，至看過仍又攜去可也。"巳刻甲副使官往，伊迎入，以筆問答，欲邀正使官來，因感冒辭，謂甲副使曰："舟中無事，勿惜一顧，常來相念，甚慰之。"取《群書考辨》看之，忻賞擊節，逐條之下，頗加評品，意有不合，亦即席論訂，往復數十則，伊覽内論東漢黄巾、宋元白蓮會等事，曰："妙識高才，愚所傾倒，但議物直截而果決，異日臨政，尚其慎之。"答曰："幸承相勉，敢不拜教，竊觀信筆拈出，總是名言，諒胸中成竹，自具經綸，他日照鄰餘潤，介使有光多矣。如僕庸疏，何敢當子蕩知政之語？"伊曰："僕性本迂疏，于時事不甚通曉，竊觀古人舊事，平心論之，有不能默然者，故率筆而言，遂致嘵嘵，若試之實用，無一當也。書生無寔用，正爲吾説耳，若貴使明通之才，何所不可乎？中外之民，俱是上天赤子，偶及不勝拳拳耳。"伊又取所著讀書記與看，其中大要取《毛序》與《朱子集注》諸家注釋《詩經》，參以己意，以出京之日起課，每日讀某詩，共千章，下附評論，亦多可觀[1]。伊曰："閲《史辨》可見讀書有眼，鄙意所言，未識有當否？此書有當言者，亦願賜批駁，是非天下之公，何傷乎？"曰："敬閲高作，不勝踴躍，中州士大夫學問淵邃，今於此見。夫五經[2]出於漢，漢儒尋繹考論之，不可誣也。自宋時大儒輩出，經學講明最析，後人始不讀舊注疏，然無注疏何以知古學淵源，此亦是偏處，如《詩經》朱子集注[3]盡闢舊説之謬，無容喙矣，要之毛公時猶爲近古，其小序或有傳，未可必其尽不然也。《將仲子》《遵大路》《子衿》

《風雨》,朱子皆斷爲淫詩,此從小序亦可,蓋就詩中文義情,細加吟玩,以温柔敦厚意讀之便見。”伊曰:“朱子集大成,固非後學所敢議,但於小序多不之敢,毛公未必一一心服,如此等詩,不以淫奔説,亦豈不平易明白?”曰:“朱子只據《論語》中‘鄭聲淫’一語定案,亦是卓絶當辰[4],吕東萊曾相辯説,馬端臨《文獻通考》中一段論小序亦好,足爲考亭功臣。”伊曰:“朱子好處自多,馬氏持論太過,無復餘地,便非中道。”曰:“天色已晚,暫且告回。偶接燕談,遂成往復,有勞台候,踧踖良深。”伊曰:“若貴使稍倦,不敢强留,如尚可盤桓,再煩一茶,愚明目不給,鑒賞不知疲也。”曰:“文字之中,殊無厭倦,况聆高明講論,喜也何如!但行日甚長,辰辰刻刻,俱可承顔接辭,請改日再候。”於是别回。

【校勘】

[1] 觀:底本作“[illegible]”。

[2] 五經:底本“經”後有“夫”字,當衍文,今删。另據越南阮氏雪女史賜教,《聖謨賢範録》亦有是語。

[3] 注:底本作“駐”,當爲“注”。

[4] 辰:底本避越南阮朝翼宗阮福時諱,改“時”爲“辰”,下同。

十五日,中秋[1]節,四船户水手叩賀,賞銀兩土宜,仍駐。查例無引敬欽差及伴送。

十六日行二十里,至蟠塘駐,申時欽差官再邀甲副使官往,并看《史辨》,甲副使曰:“連日惠看敝編,窺才學言論,並極敏贍,令人心醉,所拈數十則,將重寫此書,一一登載,以光青德,請每條細認,一一賜教。”伊曰:“載問答語不妨,正可見一時推敲不苟,尚有數條,須稍見鄙意者,容續入,若逐條評注,自可不必,古人亦無法也。”又曰:“欲另謄一本,此間無書史不能也，或遣人一寫，予我一本可乎?”曰:“此不難，更乞爲一弁卷耳。”伊曰:“另有新書幾種? 乞一見示。”曰:“僕竊有編來《聖範賢謨錄》[2]，容改日遞候，此書輯古嘉言，元不著一文半語，尚希細閱，爲作一序。”伊答:“依命。”設酒飯，從容問通事士材忠曰:“三位貢使，想係貴國選擇而來。”仍教他代對曰:“奉使天朝，豈敢不重其選，但三貢使亦以位次當行，非極選也。”伊又曰:“國中想如三位者甚少。”伊曰:“然。”甲副官語他改對曰:“國中才學名臣極多，如大貢使上尚書、侍郎十數人，二貢使、三貢使之列在翰林東閣有名望者亦衆。”伊笑曰:“雖然，亦爲罕得之才。”又問士子幾歲應試。曰:“不泥年齒，任人就考，本國常有十三、十四歲已中舉人者。”伊似信不信，夜深始別。

十七日，行二十里，至田家鎮駐。二日並無風，牽挽而上。

十八日，順風，正使官船沿西岸七十里，至魚陽口駐。欽差官橫渡東岸，船户少遲商賣。二副使官船[3]從片風勢捲迫，悉力移出，申時始行四十里，侵夜至蘄州駐。二伴送船亦從渡東岸，得風先發，前抵漁陽口駐[4]。

十九日，二副使船行一百二十里，至楊葉洲，欽差官船下，在流回磯駐[5]。正使官、二伴送船，並至黄州城駐。

【校勘】

[1] 秋:底本作“穐”。

[2] 聖範賢謨錄:下文作“聖謨賢範錄”。

[3] 二副使官船:下文作“二副使船”。

[4] 前抵漁陽口駐:六字重出，衍者已删。

[5] 下在:“下在”二字間底本有倒乙符號。

二十日、二十一日，並阻風雨駐。

二十二日欽差官船渡江行十里，與二副使官同駐，夜行十里，至觀音洲駐。

二十四日、二十五日並無風駐。甲副使送欽差官潤筆物六種。

二十六日，行七十里，戌時至黄州府城駐。

二十七日，仍駐，重登赤壁山□□□[1]遊覽，按[2]《一統志》稱古今言赤壁者五，當以在江夏之蒲圻者爲是，嘉魚亦近之，若黄州乃赤鼻山，非赤壁也。第閲坡公《志臨》[3]言黄州下流有武昌縣，山上猶存吴王即位壇，江岸即名樊口，是吴都非今之武昌府。而赤壁由陸路右行，有華容道，又今舟行自蕲州以上，利東南風。或坡説爲是，未可知也。孫權居柴桑，即今九江，武侯往説合兵拒操，陳壽《魏志》稱劉備先破曹公軍，《蜀志》亦然，就使戰於江夏、嘉魚間，則全不資東南風。而《吴志》乃盛言黄蓋用火攻，蓋孫皓時韋昭所作[4]，專歸功於周瑜，陳壽據之，以是自相違異。如以赤壁非在黄州，即當削去求東南風之説方合。夕時欽差官送正官酒麯，邀二副使官飲酒，乙副官以疾辭，獨甲副官往，伊甚慇勤，以筆寫曰："《聖謨賢範錄》甚得古人集書之意，用心如此，不愧古人矣。"答曰："昔日本國王子與唐人奕[5]，稱服曰：'小國之一，不敵大國之三'，今僕所量，未足當本國之三，而竊視大人才學，則寔大國之一也。景慕之情，曷維其已！"伊曰："中朝人物，愚最居下，不敢當過獎，即貴使選擇於國中而出，自是一國之望，然切須韜晦，大抵才高者，衆忌之招也。幸勿以交淺言深見怪。"曰："本國公卿推讓，士大夫和輯，固不憂參商矛盾，然大人規勉，自是古今處己正法，敢不佩服！"伊取所作《群書考辨序》與看，曰："草稿甫完，幸勿見哂。"曰："宋朱弁有言：良工不示人以朴，恐人見其斧鑿痕跡也。僕謂輪扁斲輪，何妨指示，公輸削墨，誰敢批駁？蒙以元稿賜觀，愈見相待真情，文理平順，無煩改正矣。”伊曰：“末附相勉一段，欲見鄙意，古人亦多如此，勿嫌粗率也。”曰：“不敢請耳，固所願也。”更深别回。

二十八日、二十九日，並阻風駐。時黄州適當歲考，提督學正官號士，書坊人載書到此，賣之頗賤。

九月

初一日、初二日，並無風駐。

初三日，行三十里，至三江口，無風駐。

初四日，行五里，至江邊沙洲，無風駐。

初五日，仍駐。

初六日，辰時行一百二十里，申至入溪鋪駐。

【校勘】

［1］□□□：闕字數姑定爲三字。

［2］按：底本作“接”，另底本有校語曰“按”，據之改。

［3］志臨：疑爲《志林》之誤。《東坡志林》卷九言及武昌。

［4］孫皓：底本作“孫浩”，形近而誤。韋昭：底本作“常昭”，形近而誤。

［5］奕：通“弈”，所云日本國王子，事見《太平廣記》卷二二八《博戲·日本王子》。

七、漢陽府武昌府

初七日，巳行六十里，申至漢陽府龜山津駐。

初八日，行十里，至湖北省武昌府城鰱魚港駐，差通士稟到，聞舊巡周琬由奏報水災分數不寔停任，總督愛[1]新涖事，遣送欽差官銀十兩，方儀十色，發從人三兩，引送二伴銀各五兩，發從者一兩，有呈道文，乞給船。

安南國貢使陳輝淧、黎貴惇、鄭春澍等肅呈，爲懇乞開恩以慰遠情事。生等年前奉將貢款船抵貴省，等候換給進行，仰蒙大人軫從役之勤勞，灼[2]船艙之逼窄，二隻之外，添給一隻，由是江南列憲，照依添給，迨今回程亦然。胖[3]泰之安、帡幪之惠，生等感荷無涯矣。今者重抵花城，遥瞻芝節，黍苗膏雨，注望彌深，爲此俯瀝情□，冒達鈞[4]鑒，耑祈洞悉由衷之悃，叠施格外之仁，轉詳上憲，於常例外添給紅船一隻，俾得居處重舒，至爲兩便及人，盛德海闊山高，生等歌踊於弗諼，銘鏤於無既矣，今肅呈。

乾隆二十六年九月初八日。投總督文内改委下道臺字。

是日晚，駋道官已差吏送票，給宣樓船四隻，照例打發，其呈文無有投納。

駋仰投，即扒[5]滂泮澳灝字號宣船四隻，裝送安南回國貢鹽□□官往湖南毋違速清。右票差軍。半印，印信。

乾隆二十六年六月初九日。江夏縣正堂奉委代僉。道票行限回日銷。

【校勘】

[1] 總督愛：本名當作鈕祜祿·愛必達。據《清史稿》卷三百九《蘇昌傳》，湖廣總督蘇昌彈劾湖北巡撫周琬，蘇昌調兩廣，愛必達任湖廣總督。

[2] 灼：或爲"酌"之誤。

[3] 胖：底本作"胖胖"，當衍一"胖"字，今删一。

[4] 鈞：底本作"鈞"，當作"鈞"，今改。

[5] 扒：即"撥"字。

初九日正使、乙副官並告，独甲副候官[1]往贄見，總督官愛免見，報一路保重，禮物璧還。布政使公出，按察使□作朋浙江人，進士。接入公堂左邊耳房，遣問："使貢來此，有何事説語?"答云:"無别事，奉貢事竣歸國，經過貴省，特候謁大人耳。"復遣問:"相見當用何禮?"曰:"府縣用賓禮，若大人係上司官，請行遞參。"有頃伊令引入，過公堂後右邊書室，常服出迎，纔下跪，手扶退請坐左边交椅。問:"貢使能官話否[2]?"曰:"不能。"問通事曰:"貴國多書籍否?"使答曰:"經史子集，亦略備觀覽，安敢比中國之富?"問:"都城廣幾里?"曰:"周廻七十餘里。"曰:"衣冠制度遵前朝否?"曰:"是。"曰:"何故散髮?"曰:"本國從土俗，使民宜之。係平居亦束髮，惟見尊長官僚，則以齒髮爲敬。"伊笑曰:"終是披髮。"退辭出，送至門外，見駟道官，亦免禮，並不受脯。登黄鶴樓而還，欽差官送麯餅二盤，助菊觴。夕布政、按察、駟道、郎道、督學道五衙門遣經歴一員沈[3]漢九來送下程，漢九有帖拜，差通士言，"理应款叙，舟中窄狹，不敢奉邀，請爲代稟五位大人，多蒙厚貺，明日换船，次日進行，不能躬謝臺前。"寄五手本稟謝，又遣伊土宜數色，復帖回拜。

【校勘】

[1] 甲副候官:不甚通順，"候"字疑爲"使"之誤，或爲衍字。

[2] 話否:底本作"否✓話"，今從之。

[3] 沈:底本作"沉"。姓當作"沈"，今改。

初十日换船，聞彭伴送便道回巴陵省親，送以方儀八色，手帖云:"涯角相知，舟車作伴，情孚竹栢，誼切椒蘭，側聞便道歸覲高堂，甚爲盛事，屺岵遂家鄉之望，斑綵承庭院之歡。在僕等亦深相稱慶也。聊到輶儀，敬當壽酒，希諒，某某等拜。”伊全領,再拜,來辭謝。

十一日,辰時祭湖廣處山川及河伯之神。亦同祭各省文,内寫,今抵武昌府江夏縣地方,换船,以來日進行。四管船熊陞、吴廷亮、黎上義、盧正偉及頭柁水手[1]叩見,賞銀四兩,舊船四隻叩謝,亦照犒賞。漢陽府人段方安、任安佐來言,聞大人高才,請一詩爲圖畫,仍寫黄鶴樓往回唱酧詩與之。

十二日,遣通事賫手本詣□□衙門致謝,并辭行,并令查問回使信息,還言欽命册封本國正使德保、副使顧汝修已於八月二十六日抵省城,二十七日即起行旱路,今想已近到長沙府。令言於欽差,風順請開船,伊答:“明日下午,鳴羅[2]應吉日[3],次日便行。”

【校勘】

[1] 水手:底本作“水手本”。按:“水手本”三字不辭,“手本”不合情理,故録爲“水手”。

[2] 羅:或是“鑼”之误。

[3] 吉日:底本作“吉行日”,“行”字上有三點,即衍文,今删。

十三日、十四日,仍駐[1]。

十五日巳時,行十里,至白沙洲,風大,駐。

十六日辰,行八十里,未初至江東腦[2]駐。由欽差船舵墜,爲他舟拾得,其家人尚追索謝銀,被償二兩半放。

十七日巳行四十五里,酉至下簰洲駐。

十八日,辰行五十里,申至小林湾駐。風方順,伊差前帖舟往嘉魚,故仍駐。

十九日,辰行七十五里,過嘉魚縣,酉至陸溪口駐。

二十日,順風仍駐。由舟人留駐賣鹽,一斤得二十八錢,通士乞開船,伊上岸看,見色欲錢,舟人苦乞,又止。

【校勘】

［1］駐：底本作“駲”，今改。

［2］江東腦：“腦”底本作“[illegible]”，該地當爲“東江堖”。《漢陽縣志》第 34 頁有抗戰勝利後所轄鄉鎮及保甲表，表中之合成鄉設置於東江堖，該鄉所轄第一村名爲東江，觀察表例，鄉下第一村即鄉鎮所在村，則東江堖即東江，今武漢市漢南區有東江村，覈以白沙洲至嘉魚縣簰洲灣鎮之間的水路路程，與本書所載相符，故本書所載之“江東腦”當爲“東江堖”之誤。“堖”，可指小山丘，該字形又可與“腦”通用。（詳見漢陽縣志編纂委員會《漢陽縣志》，武漢出版社，1989 年版）

八、岳州府

二十一日，卯行一百六十五里，酉初至象骨港駐。

二十二日，行三十里，午至岳州府城北門港駐。

二十三日辰時祭洞庭湖尊神，其日仍駐。

維乾隆二十六年，歲次辛巳，九月丙申朔，越二十三日戊午，安南國貢使陳輝淧、黎貴惇、鄭春澍等謹以清酌、潔牲并金銀等物，敢昭告于天朝洞庭平湖護國大王暨衆聖位前，曰：“有祈必告，禮也，生等奉貢事竣，欽旨回國，今抵岳州府巴陵縣地方，約以本日開船濟湖，事關敬謹，爰具菲儀虔告。伏望感通不遠，相佑曲垂，風雨顯晴怡之慶，波濤消激烈之威。俾陪臣及行人隨人等，命位平康，舟程穩順，利有攸往，揚帆早達湘陰，保無可卢[1]，駕乘式遄於南國。寔賴尊神保護扶持之大德也，生等不勝忻仰慈光之至，謹告。”

【校勘】

［1］卢：應解釋爲“慮”。

二十四日，順風，舟人以少雨不行，仍駐。

二十五日，東南風，仍駐，欽差官送來與甲副使官《群書考辨》《聖謨賢範錄》二序。

群書考辨序

《尚書》，史之祖也，《春秋》，史之宗也，左國班馬以下，史之雲仍也，讀之者以考得失、定是非，内以修其身，外以施于政，是故君子急焉。秦漢而下，歷代諸儒，多所論次，然宋元以後，即多無可觀。又其益甚者，束書不觀、遊談無根，或且竊其字句，以爲繡繪雕琢之用。蓋史學之不講久矣，夫昧於古而明于今，無其本欲善其用，未之有也，則史學之所關于人也，豈小小哉？今年春，予奉命伴送安南國使，舟行多暇，副使黎侍講出其《群書考辨》相質，自夏商迄唐宋，皆有所論著，爲書數百條，往往能得古人之間隙，而于興廢得失、人才消息之際，尤致意焉，是可謂善讀史而得其要領者也，爲稱賞者久之。然予竊有進焉，夫不學者欲其能學也，能學者欲其忘乎學也，昔晏子身相齊國，名顯諸侯，其智識見聞，齊之士當無有出於其右，然其志念常抑然自下，何哉？知天下之理無窮而衆之不可概也，夫人之不學者多，而學者少，欲以一人之長蓋之，非所以爲容也，世事日新，人情日異，而欲執古説以格之，非所以通變也，以侍講生長遐邦，矻矻焉勤于史，如是則既加人一等矣。予嘉其能學古而欲重有以益之，使觀于古而定于今，抑其長以善下于人，則其所得于史者，將用之而不窮也。故備言夫史學之所關者大，與人之所以善其學者，若其廣徵博引，以馳騁上下於數千百年之間，則侍講既能之，而予之聞見褊迫，多所遺忘，寔有志焉而未逮也。

天朝賜進士出身奉直大夫禮部員外郎欽命辦理伴送事務江左秦朝釪序。

聖謨賢範錄序

《書》曰："聖有謨訓，明徵定保"，又曰："人求多聞，辰惟建事"[1]，學于古訓乃有獲，夫定者，定其命者也，保者，保其身者也，求而獲，獲其所固有者也，性命于天，本無不定，而無禮以立之，則摇撼振蕩而不定，而嗜欲攻取，萬端承之，則因其命之不定而不保其身者有矣。天生蒸民，物各有則，本無失忘矣，而先教以存之，則失[2]其所固有，失其所固有，而自陷于禽獸者有矣。夫聖賢者，固自能定其命、保其身，以自穫其所固有者也，其言寧有外于此欤？顧散見于書詩，錯出于傳記，惟成學者能貫而通之。初學之士，苦于不知端委，是以古人有家訓格言，朱子有《小學近思錄》，皆集古人之言行，各以類從，而正心、修身、齊家、治國之道咸備，郁郁乎盛矣，後之人敬而取之，是訓是行矣。安南國副使黎侍講，善讀書，慕先賢之集古，乃摘取經書及諸史百家，下及近世名人之言，爲《聖謨賢範錄》。自治身以至接物，擇其言之敦厚而謹慎可師法者，各分爲條次，凡十二卷，質于予，予未知其于學何如，而其志則可尚也。夫聖賢之言具在也，讀之者多，而爲其人者少，何哉？是有疾焉。不自知其性之命于天，而跌宕[3]才藻、沉酣嗜欲，樂放恣，惡檢束，聞存心忍性之言，以爲迂怪誕妄，疾首蹙額而去之，是謂不可與有言之人。不自知其善爲己之所固有，而于聖賢之言，洛誦如流，贊歎不止，明以此讓[4]之于聖賢，而于己超然無與。又其甚者，陽陰向背，色取于仁，行寔違之，是謂不可與有爲之人。

去是二者，而引其身以當于古，則夫所以定其命而保其身，此也，獲其所固有之所[5]以爲人者，此也。其上固可以希賢而希聖，其次亦不失爲謹身寡過之人也。夫侍講所集皆聖賢之格言，聖賢之言不可贊也。請讀其所以讀聖賢之言者。乾隆二十六年九月二十三日書于洞庭舟次沽斋[6]秦朝釪序。

二十六日，夕辰微順風，移舟五里，過岳陽樓，至南津港駐。

二十七日，順風舟人以風大不行，仍駐。

【校勘】

［1］聖有……建事：前句出《夏書・胤征》，“謨訓”底本二字互乙，後句出《商書・説命》，前已注避諱以“辰”爲“時”。

［2］失：底本旁有校在前加“不”字。

［3］宕：底本似“岩”，依文義定爲“宕”。

［4］讓：底本作“[illegible]”。

［5］所：底本作“所其”，字間有倒乙符號，似以“其”爲衍，更爲洽順，今删。

［6］沽斋：《北使通錄・題辭》云“欽差秦岵齋”。

九、長沙府

二十八日晴明，東北風輕，行一百八十里，過湖，酉辰至雲田洲駐。

二十九日小雨，行六十里，未辰至湘陰縣，申辰詣廟祭謝，賞四船銀兩。

維乾隆二十六年，歲次辛巳，九月丙申朔，越二十九日甲子，安南國貢使陳輝淧、黎貴惇、鄭春澍等，謹以清酌、潔牲并金銀等物，敢昭告于天朝洞庭平湖護國大王暨衆聖位前，曰："荷靈貺，必答謝，禮也。玆生等奉貢事竣，欽旨回國，昨日抵巴陵縣，開船濟湖，虔伸叩禱，仰蒙盛德默扶，舟行寧穩。今已達湘陰縣地方，謹具菲儀答謝。伏望鍳臨不遠，申錫無疆，俾生等及行人隨人等，命位平寧，身躬康壽，雨晴風順，星槎利涉於水程，事濟功成，玉節榮施於南國，寔賴尊神帡幪之渥澤也，生等不勝瞻仰慈光之至。謹告。"

三十日早時，行一百八十里，申初至湖南省長沙府城駐，差通事稟到。

十月小。

初一日，正使、乙副官並告，独甲副官往贅見巡撫府馮鈐[1]，坐客次有標下武將五六人，共叙寒暄，伊見銀帶俱稱好，郭參將問有名義否？曰："此紅鞓，乃是嚐嚕，名玳瑁，前三台，兩邊六斗，次左輔右弼，次日月，後面北斗七星。"伊曰："貴國好服飾，好人物。"答曰："安敢仰比中國。"伊曰："不敢。聞貢使兩榜文官，有一對請教。"隨即寫曰："安南貢使，安南使乎使乎？"應曰："天朝聖皇，天朝皇哉皇哉！此下句出《文選》。"伊曰："好，説得大了。"還舟後，再有小船寄周百總報云："更有數對，中朝閣臣，中朝臣哉臣哉！天下大老，天下老者老者。"

有頃，撫院遣接入公堂左邊書房，有布按二司等官往侯[2]朔，自中出，恰遇請相見，使對曰："未奉叩謁，不敢唐突鈞顏。"少頃，使親來恭候，各官别出，撫院傳免見，禮物璧還，往見布政使永，伊旗下人，年六十餘，甚謙遜，接入後堂行賓主禮，纔跪下，手扶退堂中已，對設二交椅，舉手請貢使坐左，固辭不敢，伊亦堅讓，通事岸忠乃移右椅當中，請大人坐,使臣坐左邊向上。伊問:"上年貴使何日到京?"曰:"十二月初八日。"問:"何日朝見?"曰:"十[3]五日欽奉朝見。"今年元旦朝賀,問在何所。曰:"太和殿。"曰:"皇上喜歡慰問否?"曰:"幸蒙天恩,先問本國王,次勞使臣。"曰:"貢使不通官話,何能對得?"曰:"那時跪,使通事代對。"問:"有放賞否?"曰:"這箇照例。"曰:"貴國老王何年駕薨?"曰:"己卯年六月日。"曰:"今王何親?"曰:"先王之姪。"曰:"先王有幾子?"曰:"最多。"曰:"何不立子而立姪?"曰:"先王原係以弟繼兄,遺命復傳國於兄之子,今王乃先尊謚純王嫡統。"伊連聲道:"該立該封,不錯了。"問:"何日出京?"曰:"三月初一日。"曰:"何故至兹方到此?"曰:"上水逆風不順。"曰:"風水不順,亦不至此遲滯,必有緣故。"曰:"不敢説。由江南船户到處販賣,以是酖閣[4]。"伊曰:"原來如此,當爲相傕[5],使貢使早早還國也。"答:"多謝。"退辭,出送至門外復回。

"□□[6]官何處人,能説話?"曰:"本國海陽人。"問:"有官職否?"曰:"小職色。"伊曰:"恨无[7]物可送貢使,敢受禮物? 一切璧謝。"往見按道二官,並免見,禮並不受。還舟,撫院使堂官二員、役目一名送下程八色,亦寄手本回謝。是月分餽二件送猪羊酒。

【校勘】

[1] 府:疑衍文。馮鈔:當爲"馮鈐"。

[2] 俟:似當爲"候"。

[3] 曰十:底本"曰十"相連作"早",據文義文例及下文記載改爲"曰十"並斷開。

[4] 酖閣:即耽擱。

[5] 傕:即"催"。

［6］□□："官"字上疑脱"通事"二字。

［7］无：底本作"元"，今依文義改。

初二日早，差通事賫手本詣院司道各衙門，謝送下程，并辭行。各官報拜上三位貢使一路保重，早早回國。甲副使官有小詩寄謝布政官，伊答多謝。又差詣縣官謝給船，長沙、善化二縣官並辭謝不敢當。巳時唤本馬船十五隻：欽差官二隻、伴送二隻、使臣行隨共十一隻，舊船四隻，叩謝賞銀四兩，岳洲護送盧[1]來辭，遺以土宜，并發官兵銀錢，以縣官吏十二名引給船隻有勞，賞猪酒，伊等叩謝傳免，申時祭湖廣等處山川及河伯之神。文同前祭各省文，惟内寫今到長沙縣地方换船，以本日進行，事關敬謹。是日，巡撫官連連[2]催促欽差官開船，酉時進三里駐，江南湖北今年大水，米貴，惟湖南以外豐熟，芋薯亦饒。

初三日，十五船船户手本[3]叩賀，照例賞犒，欽差官取縣丁夫拽船，每隻二名，午時行二十五里，酉至包爺廟駐。

初四日，巳時行六十里，申至湘潭縣城駐。發絹製旗十三面，使船照前寫"安南國貢使奉旨回國"，伴送船寫"奉送貢使回國"字。

初五日，未時行四十五里，酉至向家塘駐。

初六日早時，行六十里，酉抵渌口塘駐。

初七日早行七十五里，酉至居亭汛駐。

【校勘】

［1］岳洲護送盧：洲，似當爲"州"，"岳洲護送盧"應爲岳州護送姓盧者，下文："長沙護送周世富來辭，遺以土宜。"

［2］連連：第二個"連"，底本作"𠃌"，表示重複。

［3］手本：疑爲"水手"之誤。

十、衡州府

初八日，早行七十五里，酉至石湾塘駐。連日有雨，是日尤雨。

初九日，早行二十里，至衡山縣城駐，未時再行十五里，夕至雷家埠塘駐。

初十日，早行九十五里，酉至棹木寺塘駐。

十一日，早行三十里，至衡州府城駐。前年夜發州城，不知形勢，今年泝流而上，未至城約十里，右有一水，頗闊，下柳州，直至廣東。過城東北有蒸水，色赤，來自寶慶府，至此江口。内石橋一座不開者，石竇七門通舟；其外，名爲石鼓山，有合江亭。城廓甚長，舟船多聚，魚米大饒，芋藷極賤。又自此至永州，多用惡錢，不揀擇。長沙護送周世富來辭，遺以土宜。

十二日，午時行四十五里，酉至車江塘駐。

十三日，大雨，辰行七十里，酉至松栢街駐。

十四日，早行六十五里，酉至管山塘駐。

十五日，早行六十五里，酉至上山塘駐。

十一、永州府

十六日，早行五十里，西至牛肆塘駐。

十七日，早行六十里，至祁陽縣城駐。甲副使官有送欽差官閏[1]筆禮物。

十八日，仍駐，自湖以南，地豐和煖，草木繁茂，野花山竹，隆冬不凋，風土景物，宛如我國，上游湘潭而上，兩邊峰峦連亘，江路之玄，水勢猶稍平，自管山塘以上，多灘磧，如登峻阪，水流湍迅，青蓝徹底。

十九日巳時，行四十里，西至黄江司駐。

二十日，早行七十里，西至永州老埠塘駐。

二十一日，仍駐，欽差官簡甲副使曰："蓬窗無事，何不相過一叙也?"巳時往見，以筆問答，伊曰："久而不面會，相念殊深。"答："多謝隆情。"曰："莺啼燕語，柳媚華明，正貴使等進國之時也，于錦繡叢中，笙歌筵畔，想滄江夜雨，正爾清絶有致，須[2]少寬客懷。"曰："丈夫志四海，昔人作豪語，然看古詩中，其不涉鄉關情况者，罕矣。僕等從役日久，未免耿耿懷思，但到家之日，廻想沿途與大人周旋笑語，更覺悵然相憶也。"伊曰："貴國外府縣官怕朝官否?"曰："這箇自然。"曰："曾跪白事否?"曰："常例耳。"曰："然則通事見貢使，如何不跪白?"曰："在國則有之，此間途中概從簡便，不用邊幅。"伊曰："貴國想亦重進士科，唐人宋人最重。"曰："本國制度，多仿宋明，但立賢一事，不論何資序，一體並重，惟進士高科，稍隆禮遇，乃循累朝舊套耳。”伊曰：“想貴使三元及第，故作謙語耶？然叙官之道，誠當論賢否，不當論出身也。”曰：“非敢空説，今本國有舉人位至宰相者，現當執政，德望才智，亦不易得。”伊笑曰：“如此，方得用人之法。”曰：“大人所作《〈詩經〉論注》完否？”伊出與看，曰：“率筆爲之，有紕繆處願指摘也。”曰：“經旨宏深，雖先儒注解已詳，後人有發明，正自不妨成一家言。今蒙看過高作，備見寔學。”伊問：“《史辨》書已爲寫成否？”答曰：“草草寫完。”問：“何人寫？”曰：“中書吏費廷瓚。”伊曰：“字體亦好。”因取書相送，伊甚喜，設酒飲至晚而别。

二十二日，仍駐，遣供瀟湘祠香錢，夕欽差邀正官夜飲，問：“刑部有何職事？得從容否？”答曰：“無甚紛冗，不過審讞訟按，刷録囚徒，徵收贖罰諸事。”曰：“在國例得隨從幾人？”答：“奉給隨候六十人。”問：“二貢使幾人？”曰：“四十人。”“三貢使幾人？”曰：“三十人。”問：“二貢使《群書考辨》好否？可曾看過？”曰：“曾見之，亦是有心考古。”伊曰：“是。”飲數杯而别。

二十三日，早行三十里，酉至芩村塘駐。

二十四日，早行二十里，至西牛灘，永州護送船覆，漂尽器物，十里至石期市，舟人回探家，仍駐。

【校勘】

［1］閏：底本作“閏”，當爲“潤”。

［2］須：底本作“頫”，似原寫作“順”，又校改爲“須”。

十二、桂林府平樂府

二十六日，行五十五里，酉至黑狗灘駐。

二十八日，行二十里，至全[1]州城駐，供湘山寺及岸上洞庭廟香錢。

二十九日，欽差官取民夫拽船，巳時行四十五里，未末至小江口駐。

十一月

初一日，行三十五里，未末至深逢塘駐。

初二日，行三十里，酉至塘家司駐。由此以上水道漸狹，僅容一舟。

初三日，行十里，經華朝橋，舟船下帆柱，未時至分水祠敬祭。

維乾隆二十六年，歲次辛巳，十一月乙未朔，越初三日丁酉，安南國貢使陳輝淧、黎貴惇、鄭春澍等，謹以牲酒褚[2]幣等物，敢昭告于天朝廣西省湘江分水大龍王尊神曰："有敬必告，禮也。玆陪臣等奉國王命，賫進歲貢及奏事表文儀物，事竣奉旨回國，經由水路，今抵桂林府興安縣地方，以本日進行，事關敬謹，爰具菲儀虔告，伏望鍳臨不遠，相佑曲垂，俾陪臣及行人隨人等，命位平康，身躬强健，雨晴風順，星槎穩進於水程，事濟功成，使節榮旋於南國，實賴尊神保護之大德也，謹告。"令供伏波祠香錢，十五船户水手叩賀，犒賞銀兩，再行里餘，至興安縣城駐。

【校勘】

［1］全：底本作“金”。按：“金”當爲“全”，此處路經之處爲全州。今改。

［2］褚：疑爲“楮”之訛，“楮幣”指供焚化的紙錢。

初四日，行十三里，申初，至畫眉塘駐。

初五日，恭遇延壽節，使臣行人公服向南望拜。辰時行三十里，申刻至大溶江塘駐。欽差官招二位貢使官飲酒，甲副官先到，叙寒暄畢，伊曰：“恭喜歸國不遠，三位貢使復命，國王必定重用。”答曰：“無才德，不敢望高位。”伊曰：“使臣應有叙勞陞轉。”曰：“本國六年一貢，只以位次資途掄差，萬里馳驅，人臣常分，安敢言勞？舊例亦無有叙功陞職。日後或有拔擢[1]，乃是時命，非緣奉使。”伊笑，又曰：“貴國想是□國。”曰：“地兼山海，利盡水陸，人民從來安集，亦仰聖朝洪福。”問：“水土平善？”曰：“關内四鎮及清乂二處都善地，其外鎮如諒山、高平、宣光、興化之類，皆惡水毒溪，每有差行，常擔京水供用，如諒山水皆茴華流下最熱，令人聲啞，不敢飲。”伊曰：“明江水如何？”曰：“亦有毒，常汲太子井。”曰：“此江發在何處？”曰：“明江源出本國禄洲[2]，左江源出本國廣源州。”伊問：“貢國夾何省？”曰：“本國宣興鎮近雲南，高平近雲廣之交，諒山近廣西，安廣近廣東，清乂順廣等鎮，夾哀牢、占城諸國，前面大海。”問：“有苗蠻否？”曰：“最多。沿邊外鎮，皆高山大林，苗民居此，時出寇掠，非有兵威，不能鎮服。”伊曰：“今能制服他否？”曰：“本國若不能制服，他已侵入天朝内地了，此等不知禮義，乃是他外。”伊曰：“今貴州亦多有之。”又曰：“貴國多奇異古跡。”曰：“書傳所載，仙釋人物，何可勝道？”曰：“貴使怕水行否？”曰：“本國山海之鄉，俗慣乘舟，珥河亦不減黄河。自王京到本貫，亦水行三日程，到大貢使貫八九日程，更越大海，那有怯怕。"曰："吾亦怕了，想來長江甚險。"曰："何處無險？但古云：'忠信涉波濤。'"伊曰："此回或遇欽使，有請見否？"答曰："前届道遇欽使大人，投手本請安，免見。"又曰："此間草木，隆冬不凋，亦如本國，若北京此時亦無一葉了。"伊曰："然。"又問他曰："大人已曾入盛京否？"伊曰："不曾，此中惟有滿洲大人得入。"曰："貴貫夙□繁華，俗語曰：上有天堂，下有蘇杭[3]，是如何？"曰："敝邦甚無繁華，但四時氣和，不寒不熱，人物多文學，常登科第耳。"伊因曰："《群書考辨》甚佳，内奉旨伴送旨字應兩擡，此係大體所在，後日此書成刻，流傳中國須如此纔得體。"答曰："書吏每每奉寫，未點檢，謹依尊教。"寢夜，正使官到，伊設酒飯，意甚慇勤，曰："大貢使酒量大。"令换大杯，辭不能，曰："有詩才不可無酒量，詩如太白，酒何以不如太白？"從話别，舉王維《陽關》句相勉，曰："少寓微情，毋惜醉也。"又顧正使官曰："李太白請滿酒此杯。"遜謝久之。伊又曰："此間水土頗重。"正使官曰："古人遊宦，以五嶺爲第一瘴地。"伊曰："今兩越已盡開通，亦不甚多嵐瘴。"甲副使答曰："聖朝德教四敷，海内皆爲和氣。"伊曰："二位貢使博古通今。"問大貢使幾歲，具答之。問二貢使太翁尊年，曰："家親今七十歲。"曰："尊居何職？"曰："現奉致仕，迴復内閣辦事。"曰："老亦多事否？"曰："從容隨朝，亦無甚事。"伊曰："二位貢使行役[4]日久，家中想念，當爲言於撫臺大人，使得早早進行回國也。"曰："多謝盛情。到省無甚公務，一者例有贄見，二者略勘硝磺軍器，四五日内得退身，是所望也。"因辭回船。

【校勘】

［1］擢：底本作"櫂"，據文意，"櫂"應爲"擢"之誤。今改。

［2］洲：疑爲“州”之誤。

［3］杭：“杭”字原空缺，今據上下文補。

［4］行役：底本作“役ㄥ行”，字間有倒乙符號，從之。

初六日，早行十里，至大阜塘。侍選樣忠船遇暗石破裂，幸爲浮槎流下閣起，欽攽官物各箱無損，仍迅行人船運分貯各船，那時正使甲副使舟先行，隔一里餘，有彭羅二伴送、陳廣家舟適近，同來看護，仍唤後船叶幫搬取分載，午時再行三十里，酉至灵川縣城駐。

初七日，行六十里，未時至廣西省桂林府城駐，差通事稟到。

初八日，正使甲副使官往贊見巡撫兵部右侍郎熊學鵬，江南人，庚戌中進士。先投呈文二道：一請照例預差前路，一請行牌梧州以上州縣給夫拽船。少頃入見，撫院問通事以使臣甚麼官職，且答之，伊謂：“貴國恭順天朝，貴使一路辛苦，所投呈文，已看過批下，三數日内可得迴身，早早回國，貴國王歡喜。”答：“多蒙大人周旋，不勝感謝。”茶罷辭出。往見布政使葉存仁、驛鹽道署按察張，並免見，禮俱不受，見署桂林府賈紹彭、知桂林縣張感熊，並謝不敢當，往餞欽差官，伊適出拜客，約來日相會，晡時見到，報上司差經歷唐炳瑛同府官吏房蘇大參以明日勘查船隻。

安南國貢使陳輝淧、黎貴惇、鄭春澍等肅呈，爲懇乞照例事。竊照本國奉貢各期使臣，回還到貴省城，全蒙憲臺咨報本國國王預知，及至南寧府城，例有預差前路報信，今生等奉賫進歲貢及奏事儀物事竣，回到貴省，仰祈大憲臺體悉遠情，準允前事照例咨報本國並行牌左江道臺，準給人夫轎馬，遞衛差人到鎮南關，交與本國邊目接領，得便回國。啓知本國王，預差候命官就關上接領，以孚顒望。今肅呈。

計開，陪臣叁員：陳輝淧、黎貴惇、鄭春澍。行人柒名：張廷材、阮廷贍、范仲連、黎廷佳、阮朱垣、朱登連、費廷質。隨人拾壹名：黎冠群、武阮琦、阮仲諧、段有燾、黎有贍、裴德讓、裴克琰、鄭名湧、阮春正、阮嘉慶、劉得成。預差前路肆名：行人二名，阮廷岸、陶登譽；隨人二名，阮文瑞、張仲達。

乾隆二十六年十一月初八日

安南國貢使陳輝淧、黎貴惇、鄭春澍等肅呈，爲懇乞體悉遠情，破格開恩事，生等年前奉將貢款進京，今年事竣，奉旨回國，自天津[1]經出東漕河，曾蒙地方官扒給人夫拽船，迨泝長江，前到湖南，換土馬船，亦蒙列憲行下沿途州縣官，扒給人夫牽拽。兹到貴省城，遥仰斗山重望、屏翰宏猷，私切撼蔭帡幪之想，竊以由臨桂下梧州，順流而行，固不費力，唯自梧州而上，以至寧明，二千二百九十多里，全是泝流，灘磧難緊，非可獨資帆櫓，必需多人叶幫，勢方易進。而船户水手頗少，引纜不敷，誠恐稽延時日。黍苗膏雨，翹徯彌殷，爲敢俯瀝情繇，冒達台鉴，伏望體柔懷之德，推安勸之仁。俾下梧州以上沿途州縣官，量扒人夫拽船，船仿六人，預于河干待使船至，併力牽挽，庶得星雨兼程，及期回國。惠心惠德，海闊山高，生等不勝歌誦忻感之至，今肅呈。

乾隆二十六年十一月初八日

【校勘】

[1] 天津：底本作“天涯”，據上下文意，當爲“天津”，今改。

初九日，知縣張感熊阻押[1]作萬壽宫以賀皇太后聖誕，遣人遞拜帖，署知府賈紹彭來拜，並遣辭謝。午時經歷官唐炳瑛至，坐正使官舟，接茶少頃，上湛恩亭。令家役二人與吏房蘇李二人往略勘止，令類開書籍，三使臣及九行人等，各計单迄。炳瑛復至各船略開數籍看過而還，仍差遞進帖，并送土宜數色，付其家人領受，其吏房衙役，亦許土宜數色。府官送下程禮，回帖致謝，伴送請預領土宜，打發吏房，領取兵牌勘合，亦照例送許。晡二使臣往欽差官公館餞別，送銀二十兩及禮物十二色，伊全領，答以詩箋、對聯、香串、輕扇及茶麯諸事，我使亦許其從者銀兩土宜有差。夕撫院差問伴送以貢使例每日遣通事請安，何以不見？答："今日奉委勘船無暇。"

【校勘】

［1］阻押：若爲張感熊之字，從名與字關係來看，應視爲"阻柙"。

初十日，差通事具手本詣撫院請安，答[1]知過巡補官余純乃撫院所委辦理各役，仍令遞拜帖，并送禮物，伊固辭不敢當。又令托伊查號房，以上年鄂大人所還關上牛酒銀子，有咨報本國，乞抄舊犒[2]，伊即以呈撫院，命吏編查，不見事跡，遣答謝府官土宜，不受。午時蘇李二人來船，遞上司所批收書籍一紙，並鈐印[3]記，令使臣行人計開各部幾本、銀價若干，即刻各計詞遞納，伊往取伴送甘結，及令取貢使甘結，仍寫六道，交與伴送轉納。

安南國貢使陳輝淧、黎貴惇、鄭春澍等爲甘結事，乾隆二十五年，奉國王命賫捧歲貢及奏事儀物詣京上進，欽蒙聖恩頒賜國王綵幣，内有大蟒五爪緞各疋，其如硝磺軍器及一應違禁貨物並無夾帶，所結是實。

乾隆二十六年十一月初十日

【校勘】

[1] 答:該字底本有劃痕,或衍。

[2] 犒:疑爲"稿"之誤。

[3] 印:底本作"卯",後校改爲"印",從之。

是日,引敬二伴送銀各五兩,諸從者銀一兩,又以轉遞甘結完勘船事,有禮物致謝二伴送報上司傳下已查前案,奉旨準定,嗣後給委官二隻,使船八隻,共十隻,不許增添,仍令乞作速扒給。

十一日,差通事岸忠詣撫院投呈文乞行文左江道及所屬府州改正舊儀注稱"彝官""彝目"等字,遞巡補官余純轉呈。

安南國貢使陳輝淧、黎貴惇、鄭春澍等肅呈,爲享王夙達於悃誠,驩粲欲招於體面,冒抒膚見,瀆候鈞裁事。竊照本國臣事天朝,恪遵候度。分茅嶺外,永奉藩維;昭德臺前,時將玉帛,欽仰皇仁之日久矣。請封而賜命,修貢而加賞,館有餼廪,行有護送,朝廷所以柔懷遠人,洵無所不極其至。上憲仰體顯謨、俯宣懿德,亦何者而非郇侯、召伯之膏雨?惟是接見儀注,稱呼名義,尚不能無鬱鬱然者,謹按《孝經》曰:"聖王之治天下也,不敢遺小國之臣","故得萬國之懽心",[1]此上人待下之道也,奉覩先令詔書及前届欽使大人送示册封儀注,並稱該國使臣、該國官員,部堂具題、朝賀儀注,亦稱安南國進貢官員。一話一言,動關[2]體統,乃生等進關之日,左江道臺臨關啓鑰,使臣入拜龍亭,禮生贊唱儀注,只呼彝官彝目,視指其嚴,殊深愧赧[3],迨抵南寧謁道臺,抵梧州謁協臺,稠人廣坐,仍用彝贊。敝邑誠要荒也,誠僻陋也,忝備藩封,夙稱文獻,《春秋》之義,四彝而用中國禮,則進之。今敝邑百餘年來,朝貢會同,一遵儀典,如此而猶彝之,有識者于心安乎?奉照雍正九年,準定使贄謁院司道衙門,行廷参禮,用職名手本,知府以下,行賓禮,用職名帖。但敝邑使臣,從來投遞文書,並稱"生等",不敢著自己官職,固欲慎辭守禮,庶免於戾。乃前明舊套,未有改正,或猶用彝字以鄙之,鬱孰甚焉。竊見大人文武憲邦,清和待物,肅然如秋,熙然如春,浩然如江海,坦然如平原廣路之爲宇量,必能以仁以禮,嘉惠下國,不忍使向化遐陬,有一毫鬱不敢言之事。是以輒冒披瀝,形諸箋牘,希惟洞照前情,曲存大體,行文左江道及諸屬府州縣,嗣後接見本國使臣儀注,將免彝之一字,庶使秉禮求章之屬國,長荷光輝,制節謹度之外臣,頓消罣礙,生等不勝忻躍孚顒之至,今肅呈。

乾隆二十六年十一月十一日

【校勘】

［1］孝經:底本作"學經"。此段出《孝經·孝治》,今改。

［2］關:底本作"開",據文意,"開"當爲"關"之誤,今改。

［3］赧:底本作"报","报"當爲"赧"之誤,今改。

撫院送公咨一道,内開已扒船隻,及應付廩粮,委官發兵護送出關,應咨本國差候命到關接領,照例發號房土宜數色。

咨。印信。兵部侍郎兼都察院右副都御史巡撫廣西等處地方提督軍務加三級隨帶又加一級熊,爲懇乞照例事。乾隆二十六年十一月初八日,據使臣陳輝淧、黎貴惇、鄭春澍等申稱,竊照本國奉貢各期使臣回還到貴省城,全蒙憲臺咨報本國國王預知,及至南寧府城,例有預差前路報信。今生等奉賫進國歲貢,及奏事儀物事竣,回到貴省,仰祈大憲臺,體悉遠情,準允前事,照例咨投,並行牌左江道臺,準給人夫轎馬，衛遞差人到鎮南關邊目接領，便得回國，啓知本國王，預差候命就關上接領，以孚顒望，今肅呈。預差[1]前路四名：阮廷岸、陶登譽、阮文瑞、張仲達等到本部院，據此爲照。貴國敬修貢儀，荷蒙聖恩垂鑒，今使臣陳輝淧等款貢事畢，奉旨回國，差禮部員外郎秦朝釪護送，於本年十一月初八日，已抵廣西省城，隨行經過各府備辦船隻，并行各州縣應付廩給口粮，專委文武官各一員，及行沿途城汛將并扒兵護送出關外，玆據前情相應咨會，爲此合咨貴國，煩爲查照，即便委員至關接領施行，須至咨者。右咨安南國王黎。

乾隆二(印信)十六年十一月十一日

外皮。前面。印信。兵部侍郎云云熊，公文賫至，安南國國王黎，當臺開折。印信。後面。乾隆二十六年十一月十一日。粘紅紙一片，寫給預差前路人阮廷岸等賫投。

【校勘】

[1] 預差：前有"一"，應爲起首的標誌，故未錄入。

令通事詣布政司，查上年還關上牛酒銀子一案，報謂已承撫臺行查這事跡，已遞在廣東總督官咨報，不留本衙門。勘船迹吏房蘇李二人，來傳將前所收書籍遞納，仍差扛書箱上湛恩亭，伊等取書送詣府衙。晡後有詔書放到三司府縣等官，公同復出詣亭迎接，鼓樂傘蓋道入省院。府縣官先至，遣通事遞帖拜，伊答："不敢當。"回帖倒拜了，經歷唐密謂各事安好了。巡撫官後至，遣賫手本，跪請安，日晚，挽船公貨二隻，侍選隨守三使仍三隻，質容逡忠一隻，材璉贍忠一隻。夕布政司差喚二伴送及通事一員上衙門有話説，仍遣通事偕羅伴送往，其彭伴送他出，後方趨到。布政使葉存仁公服坐堂上，燈燭輝煌，喚通事近前免禮，先問貢使一路平寧，次出呈文，謂曰：這箇甚好，説得活裡，意思亦高，[1]但古語云：舜生於諸馮，東夷之人也，文王生於岐周，西夷之人也，夷字元非[2]輕慢貴國，今使臣以此爲言，已蒙撫臺準允，因不便批。當行一角公文，報左江道，自後停呼彝字，稱安南國使，貢使可回啓國王知道，通事叩謝傳免。葉存仁，江夏人，寬和有禮，上年曾謝以詩，令侍選樣忠行書作幀軸遺之，他深愛重，詩與書皆入妙品，付裱幀人尽裂外紙，只取有字内幅，再裱飾以綾絹，掛諸書室，是幀，人具道之。復有一士，書坡仙訪季常看竹柏影事，送樣忠求寫一幅，爲而畫軸，其愛尚如此。

十二日早，甲副使詣院司道各衙門謝并辭行，各官並免見，報一路小心保重。令通事贍忠問布政司吏房，以上司行報道臺，免呼彝字，已有文書否？伊謂貢使呈文，以抄取爲跡，大人尚送欽差官，回即草呈詳巡撫官，轉詳總督官，方行下左江道，不必掛慮。復言非只免呼彝字官[3]，於贄至日，凡一切儀注，及一切文書，送到本國乞停此字，煩照知此意，伊等答曉得。再令問禮房，以府官所收書籍，已呈詳否，答未曾。於是草呈文遞府官，乞還《淵鑑》書并辭行。伊他出，其吏房蘇接受，又遣往縣官辭謝，乞早發船户站銀。

【校勘】

［1］説得活裡，意思亦高：裡，用作“哩”，句義爲“説得活哩，意思甚高”。

［2］元非：底本作“非元”，二字疑倒乙，今改。

［3］字官：二字疑衍一字，“夷字”“夷官”均文從字順。

安南國副使黎貴惇呈，爲懇乞亮[1]照事。竊惟聖朝文治光昌，薄海内外，均洽詩書之澤。小生等一行充使，叨奉觀光，亦曾採買幾種書籍，前承備類，蒙恩發還，止收若干種，寬大之仁，柔懷之德，感荷弗諼矣。惟是《淵鑑類函》一書，乃係雍正三年欽奉攽下本國使臣范謙益等賫捧回國，賜本國王，現有舊案，是以輒敢便買。今奉查收，不得不以事陳白。昔吐藩高麗，遣使求書，唐宋皆賜之，蓋以忠信禮義，皆書出，况敝邑久屬藩封，而此書内纂事類、詩文、人倫、臣道，現已恭蒙攽賜，諒亦無有干礙，希望洞照前情，付下發還，以廣同文之化，不勝萬望，今肅呈。

乾隆二十六年十一月十二日

【校勘】

［1］亮：底本爲"㒦"，上白下冗，"亮"與"洞""炤"用法相同。

其日晚，府吏蘇大參來，引還《淵鑑》書，因遞甘結，領所收書價銀。具領，貢使陳輝淧、黎貴惇、鄭春澍等，今當上司臺前寔領盤留，不宜帶往書籍，這銀四兩二錢八分，中間不冒所領，是寔。乾隆二十六年十一月□□日具。

是日，欽差官回京復命。查係欽差官到省，撫院即同三司迎接，縣官扒人役供应行儀[1]導從甚整，回京之日，通省文武來餞。

十三日，府吏蘇將書價銀送來，并開列一紙，仍照價内鈞分。

大陪臣：《智囊》二部價銀叁錢五分，《千古奇聞》銀柒分，《神相全[2]書》銀五分，《古今治平略》銀壹兩，《紫微斗數》銀八分，《地理雪心》銀一錢。

二陪臣：《封神演義》銀八分，《南遊北遊》銀六分，《淵海子平》銀八分，《紫微斗數》銀八分，《梅[3]花易數》銀五分。

三陪臣：《封神演義》銀八分，《三遷志》銀一錢九分，《説鈴》銀八分，《錦者亭》銀四分，《擊壤集》銀八分。

行人陶：《山海經》銀一錢，《貪歡報》銀七分。

太医院:《玉匣記》銀二分。

書班:《大清律》銀七錢,《廿一種》二部銀七錢,《經濟》銀一錢,《列仙傳》銀一錢。

布政司送兵牌一道,與伴送官收執。

兵部侍郎兼都察院右副都御史巡撫廣西等處地方提督軍務加二級隨帶又加一級熊,爲貢使歸國事。照得安南國陪臣陳輝淧等,欽貢事畢,今由省歸國,合給照護,爲此牌,仰經過沿途府州縣遵照,如遇該貢到彼,即速明查牌内填注,陪臣陳輝淧等廩給三分,行人隨從口粮二十二分,照數應付,護送員弁不得分外多索,借端滋事,此牌俟到國之日,仍即呈繳該府,轉繳本部院查銷,俱毋違,須牌。部字十一號。右牌仰沿途經過府州縣準此。

乾隆(印信)二十六年(半印)十一月十一日

撫部院行,限回日繳。

【校勘】

[1] 行儀:底本作"儀行",有倒乙符號,從之。

[2] 全:底本作"金",應爲"全"之誤。

[3] 梅:底本作"枚",應爲"梅"之誤。

申時祭廣西山川河伯之神。文如前祭分水祠,惟内寫今抵桂林府臨桂縣地方,以本日開船進行。酉時行半里,至舢舻橋駐。由差通事請開,府官報待明日。

十四日,過橋仍駐,十船叩賀,犒賞銀兩,經歷唐炳瑛來,送饋以土宜,連日伴送領取諸船水脚銀,上司發自省城,至寧明州共一百兩,伊等苦乞加添二十兩,又私有販買,以是未行。

十五日,申時行二十五里,夕至龍門水塘駐。

十六日，早時行九十里，酉刻又過鉛寶塘五里，至象棋角駐。

十七日，早行四十里，至陽朔縣，又行七十五里，申至平樂府城，過軸艫橋駐。

十八日，大霧，辰時行一百十五里，酉至黄牛塘駐。

十九日，大霧，辰時行七十五里，至昭平縣，又行四十里，酉至深冲塘駐。

十三、梧州府

二十日，早行一百二十里，酉至古攬塘駐。

二十一日，早行一百四十五里，戌至梧州府塘駐。

二十二日，仍駐，舟人整理蓬帆，以便上水，發錢三千，作酒飯，管待伴送及犒[1]勞行隨人等，差贊見府官，全還，縣官全鎮縣[2]有下程，復帖領謝。

二十三日，仍駐，查差[3]縣官吏房，言撫院新發行牌到下縣，扒起沿途人夫六十人拽使船。仍再遣隨伴送往，語以轉達縣正堂，言仰蒙大人準許扒給拽船人夫，得速進程，殊深感荷，惟是每縣無有見丁夫，必須催集鄉村，動至數日，恐更生一番遲滯，乞太爺行文，先報藤縣，轉報前途州縣，預先牌票催集，免致耽閣，且乞傳諭丁夫，以係到縣城交换，無得纔到界首，遽示返回，以致此縣夫既去，彼縣夫未來，更煩文移等待。伊以呈縣官，説得是，依如來命，因許其吏房土宜，查縣發每夫逐日口粮二十文，米一斤，梧州多海味，頗佳，又有五廉果、各種柑、各種菜，菑榔亦賤。

二十四日午時，泝[4]流行四十五里，西至石良塘駐。自此以上，乱石滿江，進行甚難。

二十五日，早行五十里，申至克先塘，羅伴送船觸石破壞[5]，仍駐，促舟人修治。

二十六日，行十五里，至藤縣城，换夫再行十里，至下嶺塘駐。

二十七日，行四十五里，西至黄椄州塘駐。自此以上，乱石滿江，進行甚難[6]。

【校勘】

[1] 犒：底作作"稿"，今據文意改。

[2] 縣官全鎮縣：底本有倒乙符號，改作"全鎮縣縣官"。

[3] 查差：二字間，底本有倒乙符號。

[4] 泝：底本作"沂"，今據文義改。

[5] 壞：底本爲俗體"坏"。

[6] 自此……甚難：夾行小字十二，上文已見，此處重出。

十四、潯州府

二十八日，行九十五里，西至平南縣城駐。

二十九日，换夫，辰時行七十里，西至石㸰塘駐。以下逐程换夫，不悉書。

三十日行三十五里，辰時至潯州府城，迎眄亭下駐，差贊見府官，全還，本日過巡官行十五里，至錢村塘駐。

十二月大

初一日行一百十里，西至石門塘駐。

初二日行一百二十里，西至貴縣城駐，發銀二兩五錢，整儀祭伏波廟。

初三日辰時，行七十里，西至老湾塘駐。巡縣地方米價最賤，八文二斤。自此以上逐塘換夫，不悉書。

十五、南寧府

初四日，行五十五里，未時過龍門塘五險灘，詣伏波廟拜謁。

維乾隆二十六年歲次辛巳，十二月乙丑朔，越初四日戊辰，安南國使陳輝淧、黎貴惇、鄭春澍等，謹以牲禮楮[1]幣，敢昭告于天朝伏波大將軍新息[2]侯位前，曰："有敬必告，禮也，兹陪臣等奉國王命賫進歲貢及奏事表文儀物，奉竣欽旨回國，經由水路，今抵横州烏蠻五險灘地方，以本日進行，事關敬謹，爰具菲儀虔告，伏望感通不遠，相佑曲垂，俾陪臣及行人隨人等，命位平寧，身躬康健，雨晴風順，及期穩進於星槎，事濟功[3]成，指日榮旋於使節，寔賴尊神保祐之功德也。謹告。"

【校勘】

［1］楮：底本作"褚"，乃"楮"之訛，"楮幣"指供焚化的紙錢。

［2］息：底本作"恳"，爲"息"之訛，馬援受封新息侯。

［3］功：原文所無，據底本上校語增加，其他祭文亦作"事濟功成"。

伏波廟臨江津，山水迴合，草樹鬱茂，歷朝累有修葺，香爐花瓶，燈架燭臺，皆銅器，甚大，儀門前石碑數座，其外大石獅子二，以石打右邊，聲響如鍾，左邊似磚。堂廊門廡，扁額甚多，不能悉記。對聯曰："圖繪雲臺湮上將，功高銅柱砥中流。"曰："伏波庙下，利有攸往，共沐恩波；起敬灘頭，神之格思，常生畏敬。"曰："東漢仗干城[1]，一片雪心徵薏苡；南交憑衽席，萬年膏澤滿泮河。"曰："功高銅柱億萬年，砥柱南天，想矍鑠是翁，真不愧中興國柱；官拜伏波千百歲，靖波東土，雖椒房不預，終難忘漢室恩波。"庙僧室亦整潔，令致供香錢并功德，修觀音閣銀兩[2]，犒賞十船銀兩。本日再進行二十五里，酉平伕塘駐。

【校勘】

［1］仗干城：仗，底本作"伏"，爲"仗"之訛。干，底本作"于"，爲"干"之訛。"干城"指捍衛者。

［2］兩：底本作俗體"刄"。

初五日行七十五里，未時至橫州城駐。聞欽使以十一月十九日出關，太平知府查禮新署左江道。其夜大雨。桂林、梧州、橫州皆出何首烏，現製頗好。

初六日行九十里，酉至飛龍塘駐。

初七日行七十五里，酉至三洲塘駐。

初八日行二十里，至永淳縣城，再行五十里，酉至伶俐塘駐。

初九日行一百七十里，酉至豹子塘駐。

初十日行十五里，至南寧府城駐，差通士稟到。時署道貢尚在太平迎欽使，府官愈成出，出巡邊方。因令贊見總鎮段起賢，且言萬里風霜，頗有勞倦，不能躬謁，伊免見還禮。

贄見知宣化縣楊廷芳,亦不受。縣吏計開前路人數,以發給夫馬,許伊土宜數色。

十一日,修啓稟各道,付前路行人阮廷岸、陶登謩遞回,其禮部及廣西巡撫咨文各道一體奉進,并有詞寄諒山鎮官轉遞,三使各有家書付寄,發行隨四人路費銀共六兩,打發關上禮土宜六色。

奉差正使入侍陪從禮部左侍郎沛川侯陳輝淧、副使入侍添差翰林院侍講穎城伯黎貴惇、待[1]制會方伯鄭春澍等謹啓明徹!

【校勘】

[1] 待:底本作"侍",據上文鄭春澍爲翰林院待制改。

皮逴閅閅醉御咍,衆碎哪差郎役官,醉庚辰腑畆典廣西省城,昖意衆碎包固啓遞衕朝。典昖迣稔腑意衆碎進行,𡗅節省湖廣荒旱,湘江乾涸。腑𣇜昖迣尨買典長沙,腑糝昖𠇍迣𠇍典漢口,腑尨昖𠇍蔑典南京。每節貢使𠽄腑𣇜包典蒂,時拱特欣蔑腑。期意包斯冬天,塘進京群賒,官伴送督促𦝄。腑迣昖蔑尨,衆碎開船渡長江。腑迣蔑昖夢稔濟黄江,昖迣罒典山東省嶧縣臺兒間,河冰口凍,前途封閘,官地方扒給人夫車馬,衆碎起行陸路。

腑臘昖夢糝典北京,官禮部朱吏目具會同館大使羅户使,出三十里外迎接,鼎攽茹官九門提督丷公館。於皇城之日,衆碎𠣧駐,供帳整潔。官提督戶素典丷禮揖,問勞辛苦,官主客司户舒,傳報計開陪臣姓名官職,達部轉奏。昖夢迣衆碎進表文奏本尼公堂禮部,㖃嗔默襖大紅袍,進歲貢表本,末改服官綠袍[1],進事表事。官禮部右堂羅户程報浪:"先國王服已踰年,不必更服,应服大紅袍,一體捧進。"昖迣蔑,衆碎投呈文尼官提督浪:"如邀天恩,着議錫封,欲望特爲題達,俾輶軒之駕,略少舒徐,於中秋吉辰戒路,仍許貢使先回報知,預備迎接,以孚恭順。"𣈜进𠔭,官禮部傳衆碎以十五日,特放朝見。𣈜进𦊚,傳就鴻臚寺演禮。𣈜𣋽除丑,官大使引衆碎𠫾太和殿庭,隨班行禮,未吏衛公館。𣈜进𪦆,衆碎哪據𠶋奉傳,吶貝官提督嗔典國子監瞻拜先聖,貝嗔祐中朝禮樂文物。官意浪:"役意儒門盛文,哪轉達,朱待來年仕哈。"𣈜除夕,吏傳𧼋演禮,欽放衆碎酒餅花果。

【校勘】

［1］綠:底本作"錄"。據上下文意改。

𢆥辛巳𦚖𦝄𣈜正旦,傳衆碎𠫾朝賀,除未欽放𪦆公館宴筵三卓。𣈜𦝄进官禮部傳朱衆碎𧼋謁文廟,固官博士助教户張𪦆迎接引道行禮,其典制度𠁑哪固别啓。𦚖𠄩𣈜𦝄𠄩,官禮部報浪哪皇上大德,𠁑準差官册封傳各衙門計職名𧶬,底欽點,雙貢使固呈文嗔官欽使,秋節起程,意拱𠳨悉恭順,𠁑議轉送準依。朱𣈜𠄩进傳衆碎𠫾午門,欽受放賞綵緞各疋。𣈜𠄩进𠄼傳,賜宴公堂禮部。除申光祿寺吏遞欽放宴筵进𠄩卓典公館。𣈜𠄩进𦒹禮部堂吏買送咨文役歲貢錫封賜衈放賞共𠀧套。𦚖𠔭𣈜𦝄𦤾衆碎奉旨回國。𣈜𦒹𠁑𠰘官提督嗔術度二月上旬。官意浪官欽差伴送户秦固唓乞緩,朱𨧟沛待典𦚖𠔭𣈜意買特起程。

𦚖𠀧𣈜𦝄𪦆,典南京。𣈜𠄩进𦤾進行,節意風雨極順,貝舟人𦽻半私貨,所至耽閣。衆碎累次呈官欽差伴送户秦嗔督促進程,雙官意共循情,一向迡滯。𦚖𦓡𣈜𦝄𦓡,買典漢口,時𣅶官欽差册封正使𠳨户德,副使𠳨户顧,起陸出京仍頭𦚖𦒹𣈜𠄩进𠀧𦚖𦓡典蒂,𣈜𠀧𪦆𠁑𪦆廣西,衆碎𧼋水路庄體蹺𠀧牢及。𦝄进㖡夢𡗶，衆碎典廣西省城，援例投柬，嗔官撫院户熊先行咨投報，且行牌官左江道，準給夫馬，朱前路預回報信。㖡夢𣅶官府桂林竈勘船。㖡进夢官撫院送咨文，朱期略衆碎進關，貝𠬠贄見官南寧時，奴拱照舊例，奴唱浪彝官見。期尼衆碎拱固投文尼官撫院，道達情繇，嗔行文道府係各儀注文書停彝官字。最㪰意，官布政户葉傳𠳒官伴送貝通事𧗱公堂，𠅜晦慰問貢使一路辛苦，𨷈𥙩呈文𠳒保浪："這箇甚好，説得活裡，但古語云：舜生於諸馮，東夷之人也，文王生於岐周，西夷之人也，彝字元非輕慢貴國，今使臣以此爲言，已蒙撫臺準允，行一角公文傳左江道及各府，自後停呼彝字，稱安南國使，貢使可回啓國王知道。"㖡进𠳒，衆碎𧗱謝且辭行，吏晦堂官役公文意，奴保浪：官布政轉詳官撫院，吏傳報𡢐官總督廣東，買行下文移，嗣今㐌𠴍彝官。㖡进𠀧衆碎開船進行。𦝄臘㖡夢进南寧。㖡进𠀧，衆碎朱通事阮廷岸中書陶登譽買𠳒隨人，强術前路，遞啓買咨文官撫院術朝，朋公文官禮部例審，時抄𠳒遞術。雙衆碎扲浪節尼官册封㐌𡢐𠅜，衆碎庄敢底緩，丕沛一體遞術朝。㖡进𣘛，衆碎開船進行，仿本年本月下旬，術典南關，𠀧節尼衆碎濫祐官中國固悉敬重本國以及其使。

自㖡衆碎進京，湖南湖北安徽江南山東五省意官總督巡撫調特委屬僚官員護送，欺起陸辰，沿途州縣奔走供应，張幕結綵。欺𠬠朝賀，時官内閣六部大臣調就問，固唓獎勞。買如貢使渃高麗、貢生渃琉球，㐌衆碎拱晦唓書詞往復。几時浪立國忠厚，几辰浪文物之盛。衆碎調隨事對答。專對𠱋使臣職分。衆碎庄敢𠰘，未歷煩瀆。衆碎陪臣叁員買行人九名隨人十三名，𨷑迦洪福，調特平寧，如們子衆碎拱固耽𡢐，共調特孟跬奇。衆碎𠰘咽𥙩皮𨖅𨷑𨷑𨐾。兹謹啓！

呈文在禮部官,乞欽差册使秋仲起程。呈文在廣西巡撫官,乞行左江道及所屬免唱彝字事,因併奉錄。進德㛢閅閅鞴,十二月十日。禀一道同。

本月十三日奉進。

【喃字部分漢文翻譯】

奉差正使入侍陪從禮部左侍郎沛川侯陳輝淧、副使入侍添差翰林院侍講穎城伯黎貴惇、待制會方伯鄭春澍等謹啓叩拜!上輩萬萬歲御照,臣等奉差充使,庚辰年五月到廣西省城,其日臣等已修啓遞回朝。至其月十六日臣等進行,正遇湖廣省荒旱,湘江乾涸。七月十九日方至長沙,八月二十二日至漢口,九月二十一日至南京。從來貢使七月内至此,今則遲緩月餘,時近寒冬,進京之路尚遠,伴送官催促起程。十月初九日,臣等開船渡長江。十一月初六日濟黄河,十四日,至山東省嶧縣臺兒間,河冰口凍,前途封閘,地方官撥給人夫車馬,臣等起行陸路。

臘月初八日至北京,禮部官派吏目通知會同館大使使氏出三十里外迎接。奉敚給九門提督家爲公館。於皇城之日,臣等入住,供帳整潔,提督官素某來行揖禮,問勞辛苦,主客司官舒氏傳報計開陪臣姓名官職,達部轉奏。初十日,臣等進表文奏本於禮部公堂,請穿紅袍進歲貢表本,後改绿袍官服,進事表事。禮部右堂程報曰:"先國王服已踰年,不必更服,应服大紅袍,一體捧進。"十一日,我們投呈文於提督官,曰:"如邀天恩,著議錫封,欲望特爲題達,俾輶軒之駕,略少舒徐,於中秋吉辰戒路,仍許貢使先回報知,預備迎接,以孚恭順。"十三日,禮部官傳臣等以十五日特敚朝見。十四日,傳就鴻臚寺演禮。十五日丑時,大使官引臣等入太和殿庭，隨班行禮，後便回公館。十七日，臣等奉内旨傳諭，致辭提督官，請詣國子監瞻拜先聖，觀看中朝禮樂文物。其官曰："此事儒門盛文，奉轉達，請等來年告知。"除夕日，又傳去演禮，欽放臣等酒餅花果。

辛巳年正月正旦日，傳臣等入朝賀，未時欽放回公館宴九三卓。初十日，禮部官傳臣等拜謁文廟，有博士官張助教迎接引導行禮。其典制度已有別啓。二月初二，禮部官報曰：承皇上大德，已準差册封官，傳各衙門計職名，以便欽點，貢使已有呈文請欽使官秋節起程，此乃恭順之心，經議轉送準依。二十日傳臣等入午門，欽受放賞綵緞各疋。二十五日傳賜宴禮部公堂。申時光禄寺又遞欽放宴九十二卓至公館。二十八日，禮部堂吏方送歲貢事諮文、錫封、賜卹、放賞共六套。三月初一日臣等奉旨回國。前日，臣等已向提督官請於二月上旬回程。彼曰欽差官伴送秦乞緩，故至三月之日方得起程。

六月初七至南京。二十一日進行，此節風雨極順，並且舟人販賣私貨，所至耽閣。臣等累次呈欽差伴送官秦請督促進程。該官循情，一向迟滯。九月初九日方至漢口，聞得欽差官册封正使德、副使顧啓程出京，八月二十六日已至此地，二十七日已行向廣西。臣等以水路行，不能追及。十月初七日，臣等至廣西省城，援例投柬，請撫院官熊先行諮投報，且行牌左江道官，準給夫馬，以使前路預回報信。

初九日，桂林府官查勘船。十一日撫院官送前期諮文。臣等進關併入贄見南寧官時，伊照舊例唱曰彝官見。此時臣等投文撫院官，道達情繇，請行文道府舊有儀注文書，停彝官字。是日晚，布政使葉傳二伴送官與通事升公堂，先問貢使一路辛苦，次出呈文，便曰："這箇甚好，説得活裡，但古語云：舜生於諸馮，東夷之人也，文王生於岐周，西夷之人也，彝字元非輕慢貴國，今使臣以此爲言，已蒙撫臺準允，行一角公文傳左江道及各府，自後停呼彝字，稱安南國使，貢使可回啓國王知道。”十二日，臣等詣謝且辭行，又問堂官公文之事，伊曰：布政官轉詳撫院官，再傳報廣東總督官，方行下文移，自今以後，酌彝官字。十三日，臣等開船進行。

臘月初十日至南寧。十三日，臣等差通事阮廷岸、中書陶登譽及隨人二名往前路，遞啓及撫院官諮文回朝，以給公文禮部官例審，則抄寫遞回。然臣等竊思此時册使已經先行，臣等不敢遲緩，因此一體遞回朝。十五日，臣等開船進行，約于本年本月下旬，回到南關，此節臣等看到中國官員有敬重本國以及其使之心。

自臣等進京之日，湖南湖北安徽江南山東五省總督巡撫官均蒙委屬僚官員護送，起陸之時，沿途州縣奔走供应，張幕結綵。入朝賀時，内閣六部大臣皆就問並獎勞。其他如高麗國貢使、琉球國貢生，遇見我們也詢問情況，書詞往復。或説立國忠厚，或稱文物之盛。臣等皆隨事對答。專對乃使臣的職分，臣等不敢多言，以免煩瀆。臣等陪臣三員、行人九名及隨人十三名承蒙洪福，皆得平寧，如臣等隨行之們子均得無恙。臣等叩拜上輩萬萬歲！

兹謹啓！

呈文在禮部官，乞欽差册使秋仲起程。呈文在廣西巡撫官，乞行左江道及所屬免唱彝字事，因併奉錄進，德王萬萬歲，十二月十日。稟一道同。

本月十三日奉進。

奉差正使入侍陪從沛川侯陳輝泌，副使入侍添差穎城伯黎貴惇、會芳伯鄭春澍等謹啓，爲奉洞達事，臣等於庚辰年十二月到北京，致辭于會同館提督官素敏，詣國子監瞻拜。辛巳年正月初十日，伊先期達部訖，仍委館元使官史周翰引臣等出館。行遍皇城西苑後，至國子監，助教官張元觀出迎，入持敬門，坐致齋所。臣等語以忝自遠方來朝上國，幸得謁拜宫墻，不勝忻抃，欲望周旋引導，徧觀禮容樂器。伊答云："禮樂器具敬貯庫中，遞年二丁祭期，前一日，請旨開鎖始奉設，常日不得擅開。"又問衮冕之敬，伊云："惟曲阜庿有之，今京中及各處止奉牌位。"請入行禮，仍入戟門之右角門。詣大成殿庭正中，皂隸前鋪棕薦，謂從來皇上親御行禮，及王公百官，並不敢設坐褥，一樣如此。臣等行三跪九叩禮訖，出登戟門，看石鼓，戟門即正殿外大門，兩傍各置一架，每架押緗金戟十二株，兩架之外，石鼓各五面，係宣王時物，字皆古文史篆[1]，刻《車攻》、《吉日》詩，右有一碑刻《説文》字訓。臣等復詣正殿升堂瞻仰，當中設龕二重，奉安牌位，内題"至聖先師孔子位"。外面上掛一扁字，題"萬世師表"，聖祖仁皇帝御書；左一扁題"生民未有"，世宗憲皇帝御書；右一扁題"與天地参"；今皇帝御書。兩柱掛金字對聯云："氣備四時、與天地日月鬼神合其德，教垂萬世、繼堯舜禹湯文武作之師。"前面香爐三座，花瓶二座，皆铜器，其大各二尺許，刻木板畫青籙，爲蓮花形插瓶内，龕之兩邊，木燈檠各二，上籠紅紗，前近香爐，又二株，左右間又各一株。其外左右間各二龕，奉四配位，左題復聖顔子之位、述聖子思子之位，右題宗聖曾子之位、亞聖孟子之位。前置卓子各一，其左右間各六龕，奉十哲位，左邊題先賢閔子之位，次冉子，次端木子，次仲子，次卜子，次有若子，右邊題先賢冉子之位，次宰子，次冉子，次言子，又次始升顓孫子、朱子，爲十二哲。上皆金碧畫彩，下鋪棕薦，無空鋪地，每龕積石磚爲臺，約高二尺半。左右兩廡，奉七十二賢及先哲先儒，庭之兩傍小亭六七座，中立宋來歷朝御碑，前有左角門、右角門，並横置祭器，諸庫各有粘鎖。門外路之兩傍，檜柏蔚茂，傍列歷朝進士碑，殿屋廡皆黄瓦，四周繚墻，砌以紅磚，上覆黄瓦。臣等出致齋所，張元觀再引行傍外大殿，墻之右邊彝倫堂，堂九間，前扁"彝倫堂"三碧題大字，中扁"文行忠信"金題大字，雍正朝御書，又扁上列四金扁，刻順治康熙雍正乾隆四朝勅諭，扁下爲石碧刻聖經自"大學之道"至"未之有也"，乃康熙朝御書。其外立測景石，左[2]爲繩愆廳，右爲博士廳，又次左爲鍾鼓堂，又次分列各堂，有修道、文行、廣業、誠信等名。臣等聞大殿墻之左爲崇道殿，别奉聖父、聖母及顔、路、孔鯉、曾點諸賢祀，乃古人追隆本原，據禮文"子雖齊聖，不先父食"之義。臣等欲併於此時瞻謁，因日已向暮不果。張元觀等邀入博士廳接坐，少頃，有博士張鳳書亦來[3]，以筆硯相問答。伊曰："貴國貢使從來未有謁聖廟者，今諸公敬謹至此，是徵好學重道之意。"臣等答云："敝邑夙奉聖教，服習詩書，故因觀光之辰，冀伸瞻謁之敬。"又語伊等云："季札請觀周樂，昔人以爲美談，今職等幸拜秋陽，未得徧覩禮容樂舞，竊欲諸公暇日臨館併携典故諸書惠賜一看。"伊答曰，諸書在書坊發買，伊亦無别貯奇本，聖廟車服禮器，於二月初七日丁祭陳設，三位可同高麗使臣申詣禮部屆期陪祀，可作一大觀也。臣等答云："容與提督官説知，未審許否？"回館之後，會這期駕幸五臺山，不敢冒請。竊按《闕里[4]志》及明史志等書，嘉靖年世宗從張認[5]議，謂以先師稱先聖，視追尊王號爲尤重，已命改定，止奉牌位，不立塑像，亦無禮樂俎豆樽□鍾鼓羽籥，歷代所奉，今曲阜庙與京中亦皆循襲，其制在《闕里志》，已有繪圖可考，臣等謹奉買取一本遞回恭進，爲此謹啓。

乾隆貳拾陸年拾貳月拾日

【校勘】

［1］史纂：底本爲"纂史"，上有倒乙符號，從之。

［2］左：底本原作"右"，後校作"左"，從之。

［3］"有博士張鳳書亦來"句後：底本有"是徵好學重道之意"八字，當爲衍文，底本有塗抹，從之。

［4］里：底本作"呈"，後校作"里"，從之。

［5］張認：嘉靖時，推動議定孔子名號與祀典的首輔爲張璁。

奉差正使入侍陪從沛川侯陳輝淧，副使入侍添差穎城伯黎貴惇、會方伯鄭春澍等謹啓，爲恭乞洞照事。臣等奉照事，係遞年使臣回國，公貨私裝，並奉準給擔夫，付京北處沿途縣官領取官錢，預先傭借，到諒山界首等候驛遞。但從來京北驛夫，罕有齊集，往往推諉，諒山民夫長驛，他亦尋方逃竄，以至抬擔廢閣，使臣坐此别待傭雇。至如公箱擔夫，舊例回期減半，見今奉攽銀子二百餘笏，買取貴貨官書等項。其使臣抬擔，乙亥年已有定準，聞之前屆每説夫數不給，念人臣□命，豈敢言勞？第恭奉大德，體恕下情，必不忍使萬里行役，更受私傭擔夫之費。且往期官物各箱，只有貢儀，今回期更有欽攽與奉買官物，較前加倍，其使臣行李兼行隨私箱，回期亦不減於往日，乃舊例夫率頗減，致有未敷，爲此冒陳，謹啓。恭望上德高聽，曲垂洞照，付下公議，或可奉傳京北處鎮守官，權照驛遞欽使官例，量取接近武江、洽和等縣本總民夫千率，令預就諒山界首濕爣處等候[1]驛遞，其擔夫例諸公箱及使臣行隨私擔内並照乙亥年準給，維公箱量加千[2]人，使臣每員量加千人，庶得寬率抬擔，免致匆遽尋雇，仰荷洪霑，副萬萬望。

【校勘】

［1］ 候：底本作“侯”，當形訛，今改。

［2］ 千：加千夫抬擔，可能是計算工數，若是千人同時抬擔，則恐違事實，或爲“十”之誤。下文同。

是日，付前路通事以打發關上土宜六色，照例餽二伴送土銀十兩并土宜各八色，令通事侍選傭土人包侍緞，許銀兩土宜。

十二日，前路通事中書吏隨人們子，渡南岸回國，縣官來拜，遣辭之，令致帖回謝，發銀二兩五分，整禮祭河，令餽羅伴送方物，手帖云：二年相伴，萬里同行，竹栢芝蘭，交深忻慶，謹送方儀數種，祝太夫人壽兼賀令正佳節，清適萬福，統希莞諒[1]。伊親來致謝。

【校勘】

［1］ 諒：底本作“𫍙”（諫）。

十三日、十四日，仍駐。

十五日申時，祭廣西邕巡[1]江河伯之神。文同前，内寫“今抵南寧府地方”。

【校勘】

［1］ 巡：疑爲“潯”。底本“邕巡”二字有倒乙符號。

十六日，遣詣鎮縣辭行，午時開船數里駐。緞坊人黎心田送箋求詩并對聯，正使寫一詩一聯，甲副使書二詩，乙副使書一聯，予之。

十七日午時，行四十里，酉至石埠塘駐。

十八日，早行一百五里，酉至揚尾塘駐。

十九日，早行一百二十五里，酉至新湾塘駐。

二十日，早行十五里，至新寧州城，午時再行三十里，酉至丁塘駐。

二十一日，早行一百五里，酉至逐鹿塘駐。

十六、太平府

二十二日，早行九十五里，酉至賴灘塘駐。

二十三日，早行八十五里，酉至隴黄塘駐。

二十四日，早行三十里，巳時至太平府城駐。有頃，欽差册使德保、顧汝修自我國還舟至江津，地方設草亭結綵迎接，署道臺查禮前往開關，舟亦同返。二册使上亭與鎮道縣各官共坐，使臣公服上岸，欲來候謁，伴送謂宜先詣行館以待，及二册使上館，投手本報後日相見。

二十五日，正使甲副使詣册使行館及道臺，值忌辰日，不見客。聞道臺定來年正月二十八日開關，因寄語吏役請縮期，且投文云：生等奉將貢款事竣，奉旨回國，本月初十日，抵南寧府城，十三日，委前路通事賫遞上憲公咨先回本國啓知，今日前抵貴府城，竊聞來年正月二十八日開關，想或以遇封印期到家，行人不勝踧踖，按照本國諸部貢使回國期，憲臺委員臨關，係聞龍憑都司馳報候命官已詣諒山城，即使計期啓鎖鑰，元不以封印爲泥，是以生等於遣前路通事之日，已具啓知，内言開關事，從來天朝上司仰體懷柔德意，館無留賓，不泥封印，臣等約於本月二十六日到明江，伏乞迅差候命官馳詣南關接領，免致内地夫馬等候勞費。今計此啓，本月下旬定達國都，本國王必然旨下候命官前往，大約來年正月初十日内，人員夫馬齊集諒城，若又[1]緩至二十八日，竊恐遞接員役，更勞等候，這地方水土殊常，久駐不便，芻糧供應，煩費尤多。仰覩憲臺示諭，亦云自封日如有緊要事件，仍行辨理，爲此輒敢以事一一暴白，希望體悉遠情，查照前例，委差屬下官偕生等前往關上，係聞本國候命官已到諒山城，即便計期開關，不拘[2]封印，庶得萬里陪介，式遄其歸，以完出疆之責，孚將命之忱。伊答云：從前使臣歸國，道官無有文報，殊爲草率，今先行文報，知以重事體，計數日方達，而貴國回文，亦須十數日，是以緩期，非拘於封印，不辦[3]事也。貴使從容相伴數日，得慰渴悰，不必焦心。

【校勘】

［1］若又：底本作“又若”，旁有倒乙符號，據改。

［2］拘：即“拘”。

［3］辦：底本作“辨”，據文義改。“辨”爲“辦”之古字。

二十六日，使臣詣册使行館，二册使先報計開在任官職，次令堂官接入待茶，曰：“貢使二年苦辛[1]，萬里平安，貴國山川好、人物好。”答曰：“本國一境清寧，均蒙聖朝洪福。”問：“於京只在這裏[2]否？”對曰：“本國舊建二京，迎接大人處是東京，其西京在清華處，去尚七八百里。”伊曰：“多荷國王及輔政好情，禮文儀物極其恭順，國王眉清[3]目秀，國王之相節制年少秀美，福祿久遠，使臣回日可啓國王知道，并寄聲稟謝。”曰：“多蒙大人厚意，謹當遵命。”伊曰：“前到貴邦，人多文學，今見貢使人物風流，必是一國妙選，可賦一詩領教。”辭謝弗獲，出官廳[4]草草書送二册使各一章，伊報曰：“好快，大人！看詩尤見國王好學崇儒之寔，今日請回，改日奉邀。”因往見署道臺官查，伊接入待行賓主，談詩論文，二更餘，取莆口新榔相送，曰：“此天[5]自貴國帶來者，請嚟[6]家鄉風味也。”復款語而别。

【校勘】

［1］苦辛：底本旁有倒乙符號。

［2］裹：底本作“[illegible]”，是“襲”的俗體，據文義改爲“裹”。

［3］清：底本作“青”，有校改添“氵”爲“清”，從之。

［4］廳：底本作俗字“厛”，“聽”的俗字有作“咱”者。

［5］天：字不甚順，疑或爲“元”之誤，作“原本”解。

［6］嚟：即“喫”。

二十七日，甲副使往見叶鎮毆陽敏，接入待茶，取所題《白雲洞登城南樓詩》與看，答曰：“大人高才。”伊曰：“武夫無韻事，聊呈拙耳。”往見欽命提督學政朱佩蓮，伊駐廣西，因行太平府歲考，暫駐麗江書院，院乃查知府捐俸建者，甚宏麗，有玉尺堂、静宜軒、桄榔亭。伊接入，問任官，以寔對。

伊取筆硯相問答，先寫曰：“使臣遠來進謁，殊可嘉尚，聞係貴國翰林院侍講，與天朝官制一樣，必能知古今之事及古今之書，有數條煩示。秦時象郡即漢日南郡、隨驩州，在明爲何州？此時又名何州？漢九真郡，即隨愛州，在明爲何州？此時又名何州？漢交趾郡，後漢改交州，唐立安南都護府，即今貴國建都之地否？又交趾郡領縣十，交州增十二縣，中有勾漏，係葛洪所乞爲令者，又有龍編縣，即龍淵，係斤江發源，由封溪縣北至曲陽縣，其勾漏封溪係今何地？”

因書答曰："蒙詢及本國地方沿革，謹據聞見逐一開呈。秦時象郡，元係曠遠一郡，如今三四數郡，不止一州，如太平、鬱林、合浦，區城錯落，舊誌皆言古交趾地，請以此推，可見象郡不止是日南郡。漢置日南郡，後改名北景，吴增置新昌、九德二郡，唐因之，自五代初，丁氏分割，至宋受封王爵，亦仍州名，李氏升爲乂安府寧武軍節度，陳因之，明永樂中，暫得數十年，亦爲乂安府，宣德初先國王受封王爵，設乂安處承宣布政使司，管九府。漢置九真郡，隋改愛州，唐因之，宋初丁氏發跡其地，建爲長安府，李氏升爲清華府，先國王自此蓝山鄉爲衆所推，遂建西京紹天府，又設清華處承宣布政使司，管四府。漢交趾郡部刺史地方甚闊，即今本國又兼得東西兩廣，自吴黄武中，始分交州置廣州，遂以太平迤西之外爲交州，而以邕潯梧端等郡以内爲廣州，晋宋因之，唐置安南都護府，治龍編，正是今本國東京之地，若漢交趾部治在今蒼梧。勾漏山，舊誌或以爲在容縣，或云在本國，未知孰是[1]，然古交趾，漢葛洪以交趾出朱砂，求爲此縣令，不妨斷爲容縣，但今本國現有勾漏山，亦當闕疑。漢交趾郡治龍編，即今本國東京，珥河出自雲南玉案山，來合洮、沱衆水，經本國山西處，遶城東下山南入海，其封溪縣正在今本國之山西白鶴縣。"

他答曰："博古通今，極聰明人，但所云北景，乃比景，如人身與日景相比耳。"答曰："因見《綱目》書寫北景字，不細説《漢志》，今承示'比'字，方知錯了，深愧讀書忽略。"他又曰："漢交州治在蒼梧，乃因此時楊氏僭據，故權移治此耳。"曰："漢時南方無事，蒼梧乃兩廣水陸四通之路，故即其設官統治耳。建安中張津作牧在此，之語誠然，但係交州部刺史，非交趾太守也。按《前漢書·地理志》[2]，交趾治麊冷一作羸溇[3]，音螟蛉[4]，蒼梧郡治廣信，漢武帝元鼎六年平南越，分設九郡，各置太守，至元封五年夏，初置十三部刺史，乃創交趾、朔方之州。設交州部刺史於蒼梧，王氏《交廣春秋》曰：元封五年，交州自羸溇縣移治於此，可知交州部刺史原設交趾郡之羸溇縣，後乃移治於蒼梧郡之廣信縣，猶今之省會也。至三國時，吴遣步騭爲交州刺史，交州道路不通，殺蒼梧太守吴臣，取南海，見土地形勢，宜爲郡，遷州番禺，然則交又曾移治南海矣，此交州治中文武問答也。後改爲廣州，則交州部刺史，疑不復另設，至交趾太守，乃治羸溇也。高明以爲是否？"

【校勘】

[1] 孰：底本作"熟"，今改。

[2] 按：底本原作"接"，後校"按"，從之。底本作"書志"，上有倒乙符號，從之。

[3] 羸溇：據《漢書・地理志》應爲"羸𨻻"，下同。

[4] 螟蛉：底本作"蜎蛉"，"冥"的俗字有作"肙""冐"者，與"蜎"右部件形似。從讀音看，"螟""麄"也僅有陰陽之别。

答曰："承示一條，誠如尊諭，昨日[1]奉呈，已云漢交趾部治在蒼梧，交趾郡治在龍編，蒙一一剖晰，更爲明白，楊子云[2]《交州箴》與内地九州並臚列，是前漢已漸通聲教，獻帝升爲牧，又嘗□□張津璽書，云逆賊孫權又遣黨衆窺斷南服，是孫吴[3]之遣步騭，安知不窺食漢土也，張津、吴臣既敗，關北皆爲吴有，關南僅存士燮[4]兄弟奉承節度，權仍加以交趾太守，則交廣之分，乃一時事勢權宜，然晋既平吴，就加陶璜[5]交州刺史，一仍士燮所統之地，而南海蒼梧遂永别隸廣州矣。天朝地志兼舉交廣，州縣殊列，是刺史復另設之騐[6]也。"

【校勘】

[1] 昨日：底本作“日昨”，上有倒乙符號，從之。

[2] 楊子云：當作“揚子雲”，即揚雄，“子雲”係其字。

[3] 孫吴：底本作“吴孫”，上有倒乙符號，從之。

[4] 士燮：底本“存”下“士”前衍一“士”字，今删。

[5] 陶璜：底本作“陶潢”，據《晋書》等改。

[6] 駖：疑爲“驗”之誤。

伊又送一帙，俱開前明府縣，問在今沿革并秦漢以來何地何名。答曰：“交趾一方，遠在天末，在前代雖通聲教，第人文甚少，載籍罕具，故觀唐書地志，而上溯二漢晋宋隋唐志書，已不辨具爲何州何縣，況自宋朝丁氏分封之後，隨事析置，日異月新，有難以驗之往古、稽之舊志者，即明時暫設府縣，亦因當日治官以意分析，奏請築立城郭，迨本國受封，順民所欲，與之更始，隨宜建置，復参用李陳之制，張輔黄福規畫一切刊落，今難舉地名以復明白。”伊曰：“安南國志，豈無存者？殆使者吝教耳，乞注示爲惠。”曰：“不敢有隱，難於詳説耳。”因袖《聖謨賢範》二編呈覽，求爲訂正。伊略看一過，點頭再三，曰：“書留下，數日送還。”是日，道官查送下程禮，寄帖領謝，遣送崇善縣官宦儒章，他全領。

二十八日，册使差巡捕官送來所與本國王贈答詩一紙，又差官問勞，仍接入船談話，致辭回謝。

册封正使德大人贈安南國王詩

象星尊北極，作鎮守炎方。幸沐分茅惠，新攽脉土章。慶傳銘帶礪，榮衍捧圭璋。幸際霑深澤，宜思續令望。得邦忠是鵠，保國孝爲坊。更廣詩書教，全臻仁讓鄉。屏翰名克付，恭謹良誠良[1]。一意無諭[2]忒，千秋覲耿光。

安南國王黎肅次元韻

北紐端宸極，南交入職方。四乘華使節，九命賁王章。虞嶽榮班瑞，周庭恪奉璋。開顔欣鳳睹，拭目快雲望。將事公平準，稷躬禮義坊。文明□□軌，雅淡葛胥鄉。礪操横安子，吟懷寫富良。瑶瓊留永好，台斗挹餘光。

册封副使顧大人贈安南國王詩

慶衍南交繼序明，炎方屏蔽拱神京。兩言忠孝能治國，千載共球幸守成。佛跡山巔摩漢直，龍門江水照人情。海隅萬里非荒服，天盡西陲載赫聲。

安南國王黎肅次元韻

日朗中天萬國明，使星光彩耀宜京。親承鳳誥知堯渥，邇接鸞儀見舜成。一路賢勞嵐霧霽，億年聖澤海波清。明朝宣室承清問，銅柱南來總教聲。

【校勘】

［1］恭謹良誠良：第一“良”應誤，不應爲三平調。上句之“翰”，《廣韻》有平聲之胡安切。

［2］諭：疑爲“逾”。

叶鎮歐陽敏差人遞拜帖，并送所作《白雲洞詩》令回帖，不敢當，寄手本[1]謝。縣官差送下程，復帖領謝，遣答謝道官，並璧還，又送巡捕官譚、縻二員土宜數色。以各官所餽，賞船户羊酒，他欲開船進駐明江，具言前給站銀，日久罄竭。如到明江，水手返回，可免支粮，苟留府城，尚需仍雇水手，無以應辦[2]。使臣爲帖密報道官，乞措理如何免他炒閙。道官即刻唤伴送傳下各船云：“吾欲留貢使在此過年，從容相叙，開關日期尚遠，何必早行。爾等既稱乏糧，今給每夫每日米二鉢，飯錢十文，廻程之日方止。若猶炒閙無禮，定行重處。”於是十船共一百五十人皆喜，來使船叩謝。

【校勘】

［1］手本：底本作“本手”，上有倒乙符號，從之。

［2］辦：底本作“辨”，當作“辦”解。

二十九日，以近正旦節，送二册使禮物，手帖云：“兹者泰階光朗，黄道清輝，欣瞻六轡之臨，彌切雙星之仰，不腆方儀，聊當春酒，恭望台禧萬福。”送道官禮物，手帖云：“履端令節，復旦昌辰，祈依摵蔭之榮，聊效菜盤之送，伏惟莞納。”各官並不受，遣答謝，縣官全領，又加賞各船銀兩，提督學院朱遣送還《聖謨賢範録》并序文一摺、小簡一片。

聖謨賢範録序

春秋時郯子來朝，孔子問官而嘆：學在四裔。夫四裔之學，即得之中州，中州失之，四裔取之，中州復賴以得之，則仍以中州之有古聖賢人，厥風扇焉耳。然四裔不同俗，自老子入流沙，西北皆惑於于佛氏，其説浸淫及中州，古聖賢微言大義若存若亡不能勝[1]焉，惟東南暘明，不似西北迷[2]昧，故佛氏苦空邪説，類能不爲其所惑，而於儒者之道，間有一二守之專且堅者。吾于高麗、安南二國俗，竊嘆其小異而大同也。夫高麗、安南，非所謂有中州古聖賢人之風扇焉者乎？昔周武王克商，封箕子于朝鮮，施八條之教，成王時越裳久無裂風淫雨，知中國有聖人，執贄來見，得周公指南車以歸，是以二國皆有聖賢遺風。而高麗習尚柔謹，戴折角巾裒衣大袖，喜讀書，嫻威儀，所不足者，崇釋教耳。安南冠帶與高麗略同，惟被髮不辦[3]，非古非今，爲學禮之未純者。然交愛人恒倜儻好謀，歡演人恒淳秀好學，則又與高麗同，獨其不信釋教一節，過高麗甚遠。而所産之人才，高麗盛于唐以後，安南盛于唐以前，則又何也？唐以後之高麗，若崔致遠、崔匡裕舉賢科成進士，至明有鄭夢周出，負忠孝大義，精研性理，爲東藩理學之祖，二申三許，亦復才名藉甚，前此未之聞也。唐以前之安南，漢明帝時，即有張重舉計[4]入洛，士燮一門，左氏學在焉，唐宰相姜公輔亦以經學起家，後此則無有乎爾。所以然者，高麗備東藩在先，距中州近，安南備南藩在後，距中州遠也。聖賢之道，與王化爲遐邇。

【校勘】

［1］能勝：底本作“勝能”，上有倒乙符號，從之。
［2］迷：底本作“峁”，暫定爲“迷”，亦疑是“幽”。
［3］辦：底本作“辨”，“辦”之古字。
［4］計：底本作“升”，應爲“計”。

天朝聲教四迄，無遠弗届，無論高麗每歲朝正，即安南亦六年兩貢，往來絡繹。中州所有之書，不惜重值争購，因文見道，是以二國人才，皆較前代爲盛。乾隆二十有六年冬杪，安南職貢桂堂黎使君，見余于太平試院，袖《聖謨賢範録》一編，乞序。余初意有明三百年來，惟傳安南瓣香敬奉解大紳，稱解夫子，[1]其國中之英絶領袖者，不過其敏妙之才、忠鯁之性，如大紳而已矣，大紳而上，未必能治波討源，以漸至于聖賢之域也。今閲是書，條列十二，始於成忠立孝，終於宗誼閫訓、中庸五達之道，中則修道、閑邪、達理、衛生以治己，守官、從政、謙慎、酬應以治人，又庶合乎達德九經之義，與李習之定性書相表裏。但習之詞必已出，桂堂惟述成言，凡四庫書經史子集，以及通儒之燕談，耆舊之篤誨，博觀約取,其用力可謂勤矣,其趨向可謂正矣,視高麗之鄭夢周所詣淺深高下,未知何如?要于聖賢之嘉言懿行,守之專且堅,亦不□南藩理學之祖,此余之所深嘉而樂與者也。惜乎桂堂生長南蕃,不能淹久中州,使得在中州數年,與有道而能文大人先生謌明切究,以求夫周情孔思,余安能量其所至耶?然即使長處南蕃中,令國人皆奉此爲指南車焉,亦必不入迷途而趨歧[2]路,厥功甚鉅,縱不謂遽至于聖賢,獨不可謂聖賢之徒歟?

【校勘】

[1] 瓣:底本作"辨",應爲"瓣"。解大紳即解縉。

[2] 歧:底本作"岐",應爲"歧"。

大清國欽命提督廣西等處學政、日講起居注官、翰林院編修、前右春坊右中允、翰林院侍讀、欽點戊辰科會試同考官、庚辰恩科陝西鄉試主考官、充經史館三禮館明史綱目館國史館大清會典館讀[1]文献通考館纂修官海鹽朱佩蓮序。

【校勘】

[1] 讀:疑爲"續"之誤。

所錄精約可寶,惟馬融人言皆在可廢,所擬經可在文中子以下,所謂愿之人也,至近人家訓格言尚多偶俗,可謂節議,其書想係草稿,俗體破體甚多,尚需細校。

本日晡,甲副使往謝朱提督,再携《群書考辨》二卷遞看,言已曾精寫一本,送欽差秦大人,今間存元稿,欲奉□載,不嫌呈朴。伊閲覽良久,擊節稱賞,取筆寫云:"《史辨》一書,根經據傳,自標卓識,《聖謨賢範》,大儒明體之學也,《史辨》,大儒致用之學也,天朝顧炎武亭林《日知録》[1],庶幾近之。"又曰:"《聖謨賢範》序贊,語精意明,甚不易得,黎老爺真貴國第一人物。"答:"不敢當,過獎,請賜教爲幸。"伊曰:"書容詳閲,三數日送來。"

【校勘】

[1] 亭林:底本二字倒乙,顧炎武世稱亭林先生。今改。

三十日,遣二伴送土宜,道官遣送節物,縣官來拜并送[1]節物,道官原計[2]二十九日小飲,前夕遣人告微恙,因帖報曰:"聞大人感風小恙,深用轉側,竊有微藥帶來,一路調劑,頗見功效,此藥不寒不燥,善能驅風,已經屢試,幸毋以未達爲疑。今送十五,凡白湯下,或酒磨揉患處,希諒。"伊即差人復帖云:"偶患寒疾,深承注念,惠我良藥,即如法調治,自當見效也,説容面謝,先此佈覆,惟照不宣。"至是早漸愈,令其家人來謝,再差通官遞帖問曰:"明日元正,地方官並詣萬壽宫行禮,僕等外國使客,不敢隨班,且從前每到省城,或遇大禮,同二委官設卓子望拜船頭,今竊欲照此行之,如何?伏希回示。"伊報云:"使臣身在中華,目睹禮儀文物之盛,恭逢元旦,自應一體隨班詣慶祝宫行禮,以昭誠敬,從前每到各省會不一同行禮者[3],乃守土官拘泥,未經檢點耳,太守仰遵皇上柔懷之意,中外一家,並無異同也。"又送儀注一紙云:"天朝各大人拜賀悉,然後安南陪臣叩賀,禮生贊:陪臣排班,班齊,跪,叩首,三叩首,興,跪,叩首,六叩首,興,叩首叩首九叩首,興,退班。"

【校勘】

［1］并送：底本作“送并”，上有倒乙符號，從之。

［2］計：底本天頭有校語爲“許”。

［3］從前：底本作“前從”，有倒乙符號，從之。底本“會不”二字亦倒乙，今改正。

壬午乾隆二十七年

正月大

初一日乙未，五更初，正使、乙副官並告，惟甲副官及行人詣慶祝宫朝賀，還設卓子船頭，望南行五拜三叩禮，次四拜。

初二日，正使、甲副官送詩於朱提督，其夕伊令人送所作《東江試稿[1]》、《訓士九箴》、《粵西歲考錄》、《陝西鄉試錄》，并邀甲副使一叙。

初三日，甲副官詣朱提督，伊甚想慰悦，因投二呈文。

安南國使黎貴惇呈。日昨蒙付一摺，詢訪本國府縣，自秦漢以迄前明，何名何地，一一開注，謹用剖晰大略，竊照兩漢書地理志與晋宋南齊隋唐書志，皆在大方君子之所洞悉，僕不敢持鼓於雷門之前，但嘗細相參校，則累代沿革，其間已覺無可尽究，止見一二處，下注漢縣而已，史家固不能編詳也，《唐書》安南都護府所統外，尚有羈縻四十一州，今[2]屬本國止三十州，他如思陵、上思、竜武之類自守内屬廣路，不敢復問，然尚有舊名，用爲左[3]驗，其餘牧州，鮮於處所，内地、本國並無其名，又峯州都督府所屬羈縻西爨[4]蛮十八州，《唐書》已注云：貞元間置，史逸其名，今峯州乃本國山西處，安能知西爨地何在？蓋載籍之闕略矣。宋初丁氏分封，即唐静海一軍置爲十道，李王陳王拓闢蛮落，又析爲二十四路，前明裁爲十九府，沿革不一，莫可歷舉[5]，中國[6]故典茫茫，無從稽，况於敝邑？夫朝鮮交趾，自古元各一方國，中間則漢之置郡，而唐之安東、安南兩都護府也。後雖各復立國，但朝鮮四郡，僅存其一，而其三入於遼東；交趾九郡，僅存其四，而其五入於兩廣。安東、安南所有羈縻州縣隸屬者犬牙錯入，罕可一一辨正。故朝鮮并有新羅百濟三韓半壁[7]，自遠於海東。而本國前代亦南割占城，西牧哀牢别部以自廣。如新平、順化二府，皆占城國壤，李陳取之，設州立縣，而舊仍其名耳，隋唐本無此地也，然《漢書》象林縣元屬日南郡，後漢區連殺令自立爲王，歷六朝不能制，至唐改號占城，則二府安知不爲漢時一邑？以此知漢縣極大，而後世分析零星，故舊志不能逐一查注，以至難考耳，至若今廣南三府，全是占城舊地，興化處二十三州，乂安處二府乃哀牢蠻别種與盆蛮地，明成化間先國王伐取之，增置州縣，又前代之所未有者，此安可遠稽□漢乎？敝邑久備藩維，内外有如一體，但古今名號，不能備詳，難於開注，非敢有隱，據實呈，希惟炤諒不宣，今肅呈。

【校勘】

［1］東江試稿：試，底本校改作“賦”。因朱佩蓮曾多次任主考，故未從。

［2］今：底本作“令”，旁有校改曰“今”，從之。

［3］左：可理解爲“佐”，佐證。

［4］舋：疑應爲“釁”。

［5］莫可歷舉：底本作“莫可至舉”，“至”有校語改爲“歷”，從之。

［6］國：底本作“典”字，天頭校爲“國”，從之。

［7］壁：底本作“璧”，據文意改。

侍生黎貴惇呈，日昨冒攜敝編就正，蒙惠序文，誠深忻慰，再承論及馬融《忠經》可廢，及近代家訓格言，間有偶俗可節，最爲精確，謹當再加删截，期於雅當。竊有言者，本國自李陳時，人文已盛，鄉學國學，一準唐宋，如張漢超、阮伯适、阮忠彦、范師孟之流，皆以文章鳴于時，文貞侯朱文安在陳王季，學行精醇，名聞遠近，倡明性理，以濂洛爲指歸，有《四書説約》行世，見疑舊史，經乱其書不傳，是非自明解縉而本國始知學也。《説鈴》中有一小説云安南無崇祀先聖，所瞻謁明學士解縉，蓋縉時爲左布政，鎮其地，興文教，至爲誕妄。彼客商來遊，安能到王京觀胄監而知典章之詳、文憲之懿耶？即如其説，則唐安南都護府，每歲解進士七名，姜公輔又登制科，李陳二王，臣事宋元，每以文官充使，表章箋札，不知其幾，當時未有解縉，何能知書識字，况解縉因□旨左遷，僅爲參議，尋復徵還，在任之久不及黄福，而何能以化率一方也？北方名臣，啓道交南間，俾猶祠廟赫然者，教令稱伏波，學問稱士燮耳，其他名字正白罕傳，今於國中試舉解縉，亦皆惘然不識爲何人，而况於尊祀乎？大抵一二妄人，好爲異論，以鄙薄外國，而不覺其言之無理，今得大人一洗之，寔敝邑之幸也。若得添一二語真驗其爲訛傳尤好，如區區纂述何足以入高明之眼，過蒙許可，且喜且慚，惟是南蕃理學之祖一句，在小生所不敢當，聖人曰："有父兄在，如何其聞斯行之？"雖係大人奬借，歸呈前輩，亦覺靦顔，敢乞改此一字，實爲萬荷，冒突覆請，無任冰湯之至，兹呈。

朱提督[1]即坐書曰："自賈琮後，有李進爲刺史，奏請交人貢士同中州推選，以後人物中土尚少傳聞，今見尊劄，亦可見後世已早有談性理之學。解夫子一説，不但《説鈴》，即寧明學正岑君已見于《太子泉記》，此其留傳之不足信，得此足以辨正。再聞扶南城四門，前門東向，見于《江東舊事》，兹頗有見疑于行禮者，僕以此解之，未知貴國前門，果如何也？”答曰：“自古建都立邑，必觀陰陽、察天地、分向背、審高下，前門未有不就陽明者，昔天朝時扶南城前門或别向東，則不可知，若今敝邦都城，寔同古今城郭之制。又今京師九門，及六部寺院廨署，乃明永樂中本國太監院[2]阮安所造，見載於《皇明通紀》中，一并逑呈。”朱提督曰：“貴國人多才藝如此，但僕聞現今鎮治府縣，並無城郭，何也？”答曰：“《漢志》交趾六十餘城，近前明亦築二十餘城，本國非不能因其舊，但國初一切削平之，凡諸鎮治土壘而已，竊以爲自有深意。”問：“何故？”答曰：“小國與大國事勢不同，今仰聖朝懷撫，已成一家，無所復慮。惟元明之初，邊臣率多貪功生事，恐或侵軼，聚處一城，坐受攻圍，非良計也。百姓皆兵，村落皆財，零星散居，欲攻則無從攻，欲掠則無所掠，乘間邀擊，設伏遏截，庶可以保國乎！”伊笑曰：“使君才極辨，然僕終以爲不如立城郭之設險自守也。僕欲與使君商略古今，恨相聚不能久耳。”曰：“有一説欲奉呈，史載越裳氏朝周獻白雉事，容或有之，其謂由扶南林邑海際，朞年而至其國，不無謬妄，越裳在交趾南舊驩州，今本國乂安處也，林邑舊占城國，今本國廣南處也，在乂安外，扶南又在林邑之外，乃占臘地，又外此則近於西海諸國，莫知所極矣。今云由扶南達越裳，非惟後世未嘗開，周時亦無此路也，南方貢道，不北由交趾經蒼梧上漢沔以至關中，乃□海過崑崙流沙而入隴右乎？如云由此路還，車當向西，何云指南？凡此皆王子年《拾遺記》怪誕之説，史遷本無是言，後儒收入外史，不可勝辨。”伊覽之，欣然曰：“真快論也，令人欽嘆。”又片刻告回。

【校勘】

[1] 督:底本有校改爲"學",不必改。底本下文亦有相同校改,並不從。

[2] 院:疑衍。

初四日,朱提督遣人來答詩,寄手本回謝。

初五日,二伴送請赴酒席還,守隘家人陳文玉來候,言前路人於上年十二月二十二日開關。夕再叠韻,送詩於朱提督。

初六日早,甲副使黎貴惇詣册使公館,奉送報多謝,請回河津相會,有頃二册使遣巡官宣化縣左堂麋送詩答和,各三章,别送三使臣對句各二聯及《集驗良方》各一卷,具道諸大人深欲與使臣唱和,因連日鎮道府縣邀請遊玩,無暇談詩,希諒。答多謝大人美意,寄手本回謝。午時地方官先集河津,然後二册使出,儀仗人役,至爲整肅。就草亭少坐,提督鎮道官並坐,餘皆分立,府學生員數十人,於諸屬僚後。使臣令伴送入,寄投手書謝詩,并叩送,傳免,仍立岸望送,其二册使坐談良久。與各官揖别迄,出祭山川及河神二位分祭,放砲三聲,登舟還京。是日晚遣送土宜於二伴送,謝小飲,并犒[1]從者。

【校勘】

[1] 犒:底本作"稿",據文意改。

初七日,令寄帖於道官查禮,曰:"榕巢之約,連日耿然,渴想台光,難對春風。未審來日可能一候顔色否?"伊即帖報云:"連日倥偬,榕巢小習,謹擇穀日,正在折柬相[1]邀,適華翰至,甚契我心也,即此取訂,餘俟面談可耳。"其夕朱提督遣送還《群書考辨》并致序文。

群書考辨序

通天地人謂之儒，上而天象五行氣候之占驗，下而地理九州險易之準望，中而人事歷代得失之法戒，皆吾儒分内所宜博綜而精貫者也。此三者備具史書，而古今史才高下疏密不同，非研完[2]于正史，旁參于逸史，而博通群儒之史論，則無由考辨之以折中于至當。余少有志于此，而苦于家貧，聚書之無資；稍稍聚矣，又牽于世網，讀書之無暇；後乃積資以聚之，偷暇以讀之，而耆師碩儒，日以凋謝，即有所疑信于其間，亦無由以質正，嗟乎中原文献之傳！

【校勘】

［1］柬相：底本作“相柬”，書中有倒乙標記，從之。

［2］完：天頭有校語曰“究”，可備參考。

國初若顧寧人、閻百詩、顧景範、梅定九諸君子固大有人在，吾生也晚，皆不及矣。日南黎子桂堂覃精列史，有《群書考辨》，釐爲二卷，余三復是書，自三代以迄兩宋，其觀世變也深矣。凡有一代之興，必有所以興之典[1]故，有一代之亡，必有所以亡之故。而有但以[2]見于勢之必然者，不□援正理以窺其本，有但見于理之必然者，不復觀大勢以決其幾，□疏庸猥之竖子與狡獪變詐之奸雄，均不足以談王伯之略也。夫天下之生久矣，有分有合，易曰：“陽一君而二民，君子之道也，陰二君而一民，小人之道也。”孟子亦曰：“天下恶乎定？定於一。”故有英雄之主，天下常自分而之合；有昏懦之主，天下又自合而之分，二者皆天也。桂堂兼理勢以評史事，知人論世，凡致堂之《管見》、容齋之《隨筆》，諸書皆不免剖破樊籬，翻空成案矣，由其揆幾當、析義精也。夫讀書非有心于求間，而由百世之後，等百世之前[3]，是是非非，各有取舍，桂堂游心于其時，設身于其地。至謂風俗爲法度所移、法度爲才情所轉、才情爲見識所通、見識爲聲氣所生，聲氣之元，操于天，亦係于時，散入于人心，韻活神捷，感焉應焉，至妙至微，不可以形容者。又云，建言非難，成事爲難，獨任爲[4]難，合衆爲難。天下之變故無常，人心之趨向互異，東注西傾，此塞彼湧，安能一一如意。嗚呼，何其言之近道也！余觀桂堂之志，在於從權宜而不詭，定經制而不煩。親賢不妨以並見，兵農不妨以並寓，相將之權不可以偏重，尊卑之情不可以懸隔，要在君心正則鑒别精，君量寬則采納廣。至于有君無臣，有臣無君[5]之際，每三嘆焉。而開創之經綸，守成之補救，罔不區畫精詳，善哉言乎！豪傑之才，聖賢之學，其見于此乎？抑余更有進焉，經天緯地，非但知人事而已。欲明乎天文之星象，非推筭長歷而準其時日，不能以知災祥；欲明地理之郡縣，非淹貫水經而尋其絡脉[6]，不敢以定表界。倘得同志者與之從容商確，由一曲推之，可識天地之全體、日月[7]之占驗準望，余所未知也，桂堂或更有以起予？跂[8]予望之矣。

【校勘】

[1] 典：疑衍，下句無此字，未敢遽定。

[2] 以：應衍，下句無此字。

[3] 前：底本作“王”，後校云“前”，從之。

[4] 爲：底本旁有校語曰“無”“非”，似以“非”爲是。

[5] 君：底本作“名”，後校云“君”，從之。

[6] 絡脉：底本旁有倒乙符號。

[7] 月：底本作“南”，後校云“月”，從之。

[8] 跂：底本作“跋”，按當爲“跂”，《詩經·河廣》：“誰謂宋遠，跂

予望之。”

大清國欽命提督廣西等處學政,日講起居注官,翰林院編修,前右春坊右中允,翰林院侍讀,歷充經史館、三禮館、明史綱目館、國史館、大清會典館、續文獻通考館纂修官海鹽朱佩蓮[1]撰。

【校勘】

[1] 蓮:底本作“連”,朱佩蓮,人名,據他處改之。

附錄一　正異體字對照表

正體	異體	正體	異體	正體	異體
B. 幫	幇	**D.** 帶	帯	**F.** 帆	帆
卑	卑　卑	擔	担	番	畨
輩	輩	纛	纛	凡	凢
邊	邉	登	登	樊	樊
賓	賔	嫡	嫡	泛	泛
氷	冰	底	底	仿	倣
稟	禀	遞	逓	豐	豊
補	補	遞	迊	鳳	鳯
C. 纔	纔	點	點	**G.** 蓋	盖
曾	曽	鼎	鼎	高	髙
插	揷	定	㝎	稿	稿
柴	柴	毒	毒	歌	歌
飭	餙	段	叚	革	革
齒	歯	緞	緞	庚	庚
崇	崇	對	对	購	購
充	充	盾	盾	穀	穀
芻	芻	**E.** 鄂	鄂	觀	覌
船	舡	惡	悪	關	関
窗	窓	恩	恩	關	関
催	傕	貳	弍	管	管

（續表）

正體	異體	正體	異體	正體	異體
館	舘	磯	磯	卷	巻
規	䂓	幾	幾	K. 看	看
龜	亀	繼	継	龕	龕
歸	歸	霽	霽	犒	犒
癸	癸	寄	寄	寇	寇
滾	滚	紀	紀	寬	寛
郭	郭	劑	剤	款	欵
國	國	監	監	尶	尴
過	過	鹹	鹹	闊	濶
H. 函	凾	束	朿	L. 臘	臘
豪	豪	見	見	覽	覧
黑	黒	僭	僣	纜	纜
護	䕶 [illegible] [illegible]	將	將	攬	攬
華	華	獎	奬	濫	濫
畫	畫	潔	潔	壘	垒
懷	懐	解	觧	類	類
壞	壊	緊	緊	鯉	鯉
宦	宦	經	経	裏	裏
荒	荒	久	乆	麗	麗
回	囘	九	玖	聯	聨
會	會	舊	苗	兩	両 [illegible]
穫	穫	拘	抅	亮	亮
J. 羈	覊	據	拠	臨	臨
稽	稽	具	具	廩	廪

（續表）

正體	異體	正體	異體	正體	異體
留	畱	P. 牌	牌	R. 容	容
隆	隆	派	泒	閏	閠
龍	竜	潘	潘	潤	潤
壟	壠	蟠	蟠	擅	抎
籠	篭	轡	轡	S. 商	啇
隴	陇	沛	沛	慎	慎
鏤	鏤	瓶	缾	識	誌
漏	漏	Q. 奇	竒	壽	夀
爐	𤆍	騎	騎	疏	踈　踈　疎
爐	炉	琦	琦	熟	熟
鷺	鷺	綺	綺	樹	樹
棆	棆	器	噐　器	數	效
M. 蠻	蛮	虔	虔	速	速
茫	茫	墻	墻	率	率
卯	夘	喬	喬	歲	嵗
蒙	蒙	竊	窃	鎖	鎻
迷	[illegible]	輕	軽	T. 臺	臺
覓	覔	卿	卿	鐔	鐔
泌	泌	秋（龝）	龝	壇	坛
默	黙	趨	趍	潭	潭
N. 難	难	全	仝	韜	韜
囊	囊	缺	鈌	逃	迯
逆	逆	却	却	提	提
廿	卄	確	確	添	添

（續表）

正體	異體	正體	異體	正體	異體
填	塡	陷	陥	儀	仪
忝	忝	縣	縣	椅	椅
亭	亭	鞋	鞋	議	議
停	停	廨	廨	嶧	嶧
廷	廷	解	觧	詣	詣
投	投	變	爕	陰	隂
W. 琬	琬	繡	綉	淫	滛
往	徃	須	湏	儝	儝
微	微	衄	衂	穎	頴
韋	韋	璿	璿	雍	雍
違	違	選	選	遊	逰
暐	暐	學	学　斈	襖	襖
緯	緯	循	循	與	与
衛	衞	巡	廵	與	與
慰	慰	Y. 鹽	塩	御	御
梧	梧	鹽	塩	裕	裕
無	無	嚴	嚴	槭	摵
吳	吴	閻	閰	樂	楽
X. 襲	袭	驗	騐	允	允
係	係	樣	様	Z. 贊	賛
鮮	鮮	藥	薬	暫	暫
賢	賢	夜	亱	增	增
賢	賢	褘	褘	粢	粢
銜	銜	彝	彞	瞻	瞻

（續表）

正體	異體	正體	異體	正體	異體
章		職	聀	拽	
照	㷖	直		撰	
真	眞	旨	㫖	琢	琢
鎮	鎭	指		總	総
蒸		滯	㤝	俎	爼
徵	徵	晝		坐	坐
整		衆	眾	座	座
隻	隻				

附録二　越南漢喃研究院藏抄本《北使通録》異體字情况分析

《北使通録》是越南后黎朝黎貴惇記載其乾隆二十五年(1760)至二十七年(1762)作爲甲副使出使清朝事務的隨筆。該書原有四卷,越南漢喃研究院藏有阮朝手抄本,僅存第一、第四兩卷,《越南漢文燕行文獻集成》影印了這兩卷。黎貴惇是越南古代著名的學者,在越南享有崇高聲譽。《北使通録》第一卷主要是與出使相關的公文,而第四卷是記載回程的見聞交遊,全書基本爲漢字,異體字數量很多,間有越南古代俗字字喃。《北使通録》尚未有整理本,寫本中文字多有不便識别者,這對學界利用該書造成了一定障礙,陳文所著《越南科舉制度研究》就有誤識之字:"黎公過桂林時,投書撫院,要求清朝改變對安南使臣'彛'的稱呼,清朝從之,遂改稱安南貢使,國書停'彛'字。"[①]查手抄本《北使通録》第 272 頁,清朝對安南使臣的稱謂是"彛官彛目","彛"是"彝"的異體,即"夷",不特指某民族,安南自視中華,遇清朝以夷狄待之,固然會不滿。我們在閲讀《北使通録》手抄本的過程中,發現該書異體字頗具特色,有一些是包括台灣地區教育部門《異體字字典》(正式六版)等各類辭典均未收録的[②],應有辨析陳述的價值,本部分主要辨析這些未見收録的異體字。爲分析異體字的需要,本處所引《北使通録》保存了底本較多的異體字,與整理後的正文有所差異。

① 陳文:《越南科舉制度研究》,北京:商務印書館,2015 年,第 485 頁。

② http://dict.variants.moe.edu.tw/variants/rbt/home.do。據李添富先生介紹,該字典收異體字極爲詳備,超過其他字典。

一、與罕用字同形的異構字

【⿰忄衣—懷】“⿰忄衣”字見於《漢語大字典》，義爲“哀也”，讀烏紀切，今音爲（yǐ），依據是《改併四聲篇海》引《龍龕手鑒》。《北使通錄》中“⿰忄衣”多見，若解釋爲哀，文意不順。

“訂以本日進程，重荷罔恫，每⿰忄衣靡及。”（第 193 頁[①]）

“僕等從役日久，未免耿耿⿰忄衣思，但到家之日，迴想沿途與大人周旋笑語，更覺悵然相憶也。”（第 246 頁）

“請封而賜命，修貢而加賞，館有餼廩，行有護送，朝廷所以柔⿰忄衣遠人，洵無所不極其至。”（第 272 頁）

“小國與大國事勢不同，今仰聖朝⿰忄衣撫，已成一家，無所復慮。”（第 354 頁）

僅僅依靠這些文例，只能知道此字與心理活動有關，恰巧一例中出現了地名“⿰忄衣寧”，“二十日仍駐⿰忄衣寧，縣官張肇揚來拜及送下程，遣辭不敢當。”（第 198 頁）這一段記載乾隆二十六年七月江上行程，上一日十九日辰時經過了貴池縣（底本誤作“貴地”）縣，申刻到達安慶府城。據《中國歷史地圖集》，貴池縣是清代池州府治所，貴池在安慶東南方，溯江而上，先到貴池後到安慶，清代懷寧是安慶府治所，上一天已經到達安慶府城，所以此處云“仍駐⿰忄衣寧”。

“⿰忄衣”作爲“懷”的異體應是省略部件而形成，確定了“⿰忄衣”爲“懷”，可以幫助我們辨識“⿰土衣”爲“壞”。[②] “（乾隆二十六年十一月）二十五日，早行五十里，申至克先塘，羅伴送船觸石破⿰土衣，仍駐，促舟人修治。”（第 291 頁）句意是伴送官的船有損壞，因此停下來修理。

【苖—舊】台灣地區教育部門異體字字典有“苖”，但解爲“苢”的俗體，“音舊，草藥名。”出自《重訂直音篇》。而《北使通錄》中的“苖”

① 指在《越南漢文燕行文獻集成》第四册《北使通錄》中的頁碼，下同。全文引例中的異體字，如非本條所討論，能輸入則輸入，不能輸入則换爲通行字體以便閱讀。

② 偏旁類化是異體字中常見的現象，如“竜”爲“龍”的異體，那麼字形中含“龍”的，往往“龍”可以寫爲“竜”，《北使通錄》中便有“⿱竜土”（壟）、“⿱⺮竜”（籠）、“⿰阝竜”（隴）、“⿱竜衣”（襲）、“⿱合竜”（龕）等異體字形。

是“舊”的異體，且使用很頻繁。“茁”字形是“舊”省去中間的“隹”而成，與簡化字相比多了一個艸頭，由於“苜”字不常用，“茁”作“舊”用一般不會產生誤解。

“庚子秋，阮侍講惟絃奉差正使，索觀是編，尋茁簏中得之，漫題數言於篇端。”（第 13 頁）

“秦時象郡，元係曠遠一郡，如今三四數郡，不止一州，如太平、鬱林、合浦，區城錯落，茁誌皆言古交趾地，請以此推，可見象郡不止是日南郡。”（第 325 頁）

“但習之詞必已出，桂堂惟述成言，凡四庫書經史子集，以及通儒之燕談，耆茁之篤誨，博觀約取，其用力可謂勤矣，其趨向可謂正矣，視高麗之鄭夢周所詣淺深高下，未知何如？”（第 340 頁）

【貼—瞻】“貼”在《漢語大字典》有多種解釋，而《北使通錄》用作“瞻”的異構異體字。

“臣下情無任，貼天仰聖，激切屏营之至，所有奉貢方物，另具本差陪臣陳輝淴、黎貴惇、鄭春澍等賫捧赴京，外臣謹奉表上進以聞。”（第 114 頁）

“臣等復詣正殿升堂貼仰，當中設龕二重，奉安牌位，内題“至聖先師孔子位”。（第 309 頁）

“臣等欲併於此時貼謁，因日已向暮不果。”（第 312 頁）

【傕—催】“催”變爲“傕”，可能是“山”字頭與“宀”字頭相混，而後“宀”之“、”與“隹”之“丿”相連，兼之“傕”非常用字，一般文書中難以混淆，故可如此使用。陳輝淴是作者黎貴惇所在使團的正使，《北使通錄》中陳輝淴第一次出現時淴作“[illegible]”，便是“山”字頭與“宀”字頭相混之例，陳輝淴之名後文共出現 36 次。

“問：‘何日出京？’曰：‘三月初一日。”曰：“何故至兹方到此？’曰：‘水上逆風不順。’曰：‘風水不順，亦不至此遲滯，必有緣故。’曰：‘不敢説。由江南船户到處販賣，以是酖閣。’伊曰：‘原來如此，當爲相傕，使貢使早早還國也。’”（第 240 頁）

“是日，巡撫官連連傕促欽差官開船，酉時進三里駐，江南湖北今

年大水，米貴，惟湖南以外豐熟，芋薯亦饒。”[1]（第242頁）

兩個例句中，“催”用作“催”，偏旁“隺”“崔”相混，這在書中其他字上也有體現，商榷之榷又作“確”，在書中作“碓”，該異體台灣地區教育部門異體字字典亦未收。

“抑余更有進焉，經天緯地，非但知人事而已。欲明乎天文之星象，非推筭長歷而準其時日，不能以知災祥；欲明地理之郡縣，非淹貫水經而尋其絡脉，不敢以定表界。倘得同志者與之從容商碓，由一曲推之，可識天地之全體，日南之占驗準望，余所未知也，桂堂或更有以起予？跂予望之矣。”（第362頁）[2]

二、保留輪廓改變或變出形符聲符的異構字

這部分的異體字與正字相比，輪廓或部分相似，更換了部件，如“聠”、“靣”等字，有些原先甚至不是合體字，經過變化字中出現了部件可以理解爲形符或聲符，但整個字仍然未必是形聲字，如“苹”。

【苹—華】“苹”字台灣地區教育部門異體字字典未收，是“華”的異體字。

“憶僕未第時，公曾出以相示，且語曰：‘此吾奚囊中畧草也，子他日必膺皇苹盛選，其推而廣之，以重事增苹焉。’”（第8頁）

“中書監苹文學生阮名熒、阮門等擔夫共十人。”（第155頁）

《皇華》是《詩經·小雅》篇名，毛《序》謂：“《皇皇者華》，君遣使臣也。送之以禮樂，言遠而有光華也。”因此例中的“膺皇華盛選”即指被選爲朝貢使者，“重事增苹”當爲“踵事增華”。該字形不見於台灣地區教育部門異體字字典，但結構容易理解，與簡體字採納的字形“华”相似，下部象原字之形，上部體現讀音，有一艸頭，與原字形更爲接近。例二中的“華文學生”應指越南方面培養的對華交流語言人才。

【聠—聯】揆之文義“聠”字應解釋爲“聯”，該字形台灣地區教育部門異體字字典未收，“聠”左部仍舊，右部應是簡化之後再楷化爲

① “連連”底本作“連ヲ”，結合其他用例，我們將“ヲ”判斷爲連文符號。

② “南”底本上有校記改爲“月”，“跂”字底本作“跛”。

"並","並"與"聯"含義相關。

"晡二使臣往欽差官公館餞别,送銀二十兩及禮物十二色,伊全領,答以詩箋對⿰耳並香串輕扇及茶麯諸事,我使亦許其從者銀兩土宜有差。"(第 268 頁)

"堂廊門廡,扁額甚多,不能悉記,對⿰耳並曰:'圖繪雲臺湮上將,功高銅柱砥中流。'"(第 295 頁)

【⿸厂咱—廳】"⿸厂咱"字爲"厂"下含"咱",殊難判斷。"⿸厂咱"字兩見,"博士⿸厂咱",上文有"博士廳",故頗疑"繩愆⿸厂咱"爲"繩愆廳",查國子監有此廳,該廳是處罰違章師生之所,"繩"用作動詞,指糾正。

"其外立測景石,右(原書有校語改爲'左')爲繩愆⿸厂咱右爲博士廳又次左爲鍾鼓堂,又次分列各堂,有修道、文行、廣業、誠信等名。"(第 311 頁)

"張元觀等邀入博士⿸厂咱接坐,少頃,有博士張鳳書亦來,是徵好學重道之意,以筆硯相問答。"(第 312 頁)

字中的"咱"即爲"聽"之異體,孫曉主編《大越史記全書》點校極爲嚴謹,該書中"咱"作"聽"較爲常見,首次出現是點校者出注云:"據文義當作'聽',以下通改。此處'咱'應爲'听'形近而訛。陳荆和本改作'聽'。"①

《大越史記全書》整理者認爲"咱"即"聽"這是很精到的見解,但對於"咱"字形來源的分析,我們有不同的看法。筆者以爲"咱"不源於"听",而与"听"同源於"吇","听"右部的"斤"與"自"不太相似,而"吇"只要"丁"寫成横折鉤,上面一横與撇相似,就很像"自"。從結構上分析,"听"理據不明,"吇"字是形聲,後者應是源頭,"咱""听"同爲"吇"的訛變。近代以來,中國北方出現了人稱代詞"咱",而越南並沒有,所以越南文獻中的"咱"不會產生誤解。

【⿱亦山—蠻】"蠻"變爲"⿱亦山",上部"䜌"簡寫似"亦",下部"虫"變爲"山",从虫是蔑稱,从山是言其所居。台灣地區教育部門異體字字典無"⿱亦山",但有類似的異體"⿰虫巒"。

---

① 孫曉:《大越史記全書》,重慶:西南師範大學出版社,2015 年,第 223 頁。

"問:'有苗⿱亦虫否?'曰:'最多。沿邊外鎮,皆高山大林,苗民居此,時出寇掠,非有兵威,不能鎮服。'"(第 254 頁)

例中"苗⿱亦虫",當即"苗蠻",《北使通錄》第 204 頁使臣對話曾提及,"伊曰:'何至如此? 貴國有何寇賊?''不過溪峒苗蛮。'"

【⿰日卢、炉—爐】"⿰日卢""炉"爲"爐"異體,台灣地區教育部門異體字字典"爐"、"壚"、"鑪"下均無。

"前面香⿰日卢三座,花瓶二座,皆铜器,其大各二尺許,刻木板畫青錄,爲蓮花形插瓶,内龕之兩邊,木燈檠各二,上籠紅紗,前近香炉,又二株,左右間又各一株。"(第 309 頁)

"⿰日卢""炉"二字形分别爲"日 + 卢"、"火 + 卢"構成,爲形聲結構。右部之"卢",与"盧"簡化字形相同,"卢"之字形《漢語大字典》等字書未見對其溯源,李學勤《字源》云:"根據現代群衆的創作,把'盧'字簡化作'卢'"(第 440 頁),由此條可見,這樣的簡化應該不是現代群衆的創造。另外《北使通錄》也出現了"卢",底本第 228 頁載安南國使者祭祀洞庭湖神文:"俾陪臣及行人隨人等,命位平康,舟程穩順,利有攸往,揚帆早達湘陰,保無可卢,駕乘式遄於南國。"結合語義我們認爲該處的"卢"當解爲"慮","無可慮"是過去常見的組合,"盧""慮"讀音寫法都相近。

三、筆畫或小部件寫法不同的異寫字

這部分異體字從字形上看,較爲特殊,但仔細與正字或其他異體字形對比,可以發現並無大的結構差異,只是位置、筆勢或小部件等存在一些差異。

【⿱升目—盾】"⿱升目"上部似"升",下部似"目",我們判斷爲"盾"的異體字,查台灣地區教育部門異體字字典,有相似字形"盾",可見於《龍龕手鏡・目部》。"⿱升目"、"盾"兩者的共同點是整個字的結構分爲上下兩部分,不同之處是"⿱升目"的上部似"升",與通用字形相比並未缺少筆劃。

"本國公卿推讓,士大夫和輯,固不憂參商矛⿱升目,然大人規勉,自是古今處己正法,敢不佩服!"(第 216 頁)

單純依靠上面一例判斷異體字不夠穩妥，以“盾”爲聲符的“循”，其中的構字部件“盾”有著相同的異體。以下三例中的“揗”，解爲“循”應安帖無疑。

“一遊一豫，固不能不揗古典，但非無事而出耳，十年之前，本國多寇孽，國王自將親征，經理宇内，一皆平定。”（第 204 頁）

“本國制度，多仿宋明，但立賢一事，不論何資序，一體並重，惟進士高科，稍隆禮遇，乃揗累朝舊套耳。”（第 247 頁）

“竊按《闕呈志》及明史志等書，嘉靖年世宗從張認議，謂以先師稱先聖，視追尊王號爲尤重，已命改定，止奉牌位，不立塑像，亦無禮樂俎豆樽鍾鼓羽籥，歷代所奉，今曲阜庙與京中亦皆揗襲。”（314 頁）[①]

【啇—商】“啇”在《漢語大字典》中有三個異讀詞位，但都不常用，《北使通錄》中的“啇”用作“商”。

“曰：‘本國公卿推讓，士大夫和輯，固不憂参商矛盾，然大人規勉，自是古今處己正法，敢不佩服！’”（第 216 頁）

“今年春，予奉命伴送安南國使，舟行多暇，副使黎侍講出其《羣書攷辨》相質，自夏商迄唐宋，皆有所論著，爲書數百條，往往能得古人之間隙，而于興廢得失人才消息之際，尤致意焉，是可謂善讀史而得其要領者也，爲稱賞者久之。”（第 229 頁）

“僕欲與使君商畧古今，恨相聚不能久耳。”（第 354 頁）

這些例中的“啇”解釋爲“商”應無疑義，“啇（啻）”不太常用，因字形與“商”相似而混。

【选—選】“选”應爲“選”字異體“辶巽”的再簡化。

“設酒飯，從容問通事士材忠曰：‘三位貢使，想係貴國选擇而來。’仍教他代對曰：‘奉使天朝，豈敢不重其选，但三貢使亦以位次當行，非極选也。’”（第 211 頁）

“天朝聖皇，天朝皇哉皇哉！此下句出《文选》。”（第 238 頁）

後一例所謂出《文選》，殆指“皇哉”出自《文選》卷四八班固《典引》：“將絣萬嗣，揚洪暉，奮景炎，扇遺風，播芳烈，久而愈新，用而不

① 例中“《闕呈志》”當爲“《闕里志》”。

竭，汪汪乎丕天之大律，其疇能亘之哉？唐哉皇哉，皇哉唐哉！”試推測“選”的形成過程，“選”字右上部兩“巳”均簡化爲一筆，台灣地區教育部門異體字字典中“選”的異體“選”正是這樣簡化的，在此基礎上兩“巳”再簡化，下部相連，成爲兩點一横，字形就變爲“選”。該書中的“撰”有同類異體字“撰”

【墻—墻】“墻”是“墻”的異體，台灣地區教育部門異體字字典有類似字形“墻”，該字典“嗇”有異體“嗇”、“嗇”。“嗇”與“嗇”的區别是上部的“人”與“口”不同，而“墻”比較特殊，有一個“口”而另一邊接近“人”。

“臣等語以忝自遠方來朝上國，幸得謁拜宫墻，不勝忻抃，欲望周旋引導，徧觀禮容樂器。”（第 308 頁）

“門外路之兩傍，檜柏蔚茂，傍列曆朝進士碑，殿屋廡皆黄瓦，四周繚墻，砌以紅磚，上覆黄瓦。”（第 311 頁）

【昼—畫】“昼”爲“畫”的異體，台灣地區教育部門異體字字典有類似的異體字“昼”，《宋元以來俗字譜》引自《嶺南逸事》。

“漢陽府人段方安、任安佐來言，聞大人高才，請一詩爲圖昼，仍寫黄鶴樓往回唱酧詩與之。”（第 224 頁小注）

“上皆金碧昼彩，下鋪棕薦，無空罅地，每龕積石磚爲臺，曰高二尺半。”（310 頁）

“昼”和“昼”的區别只在最末一筆，應是書寫習慣不同，《北使通録》“迷”（第 336 頁）爲“迷”的異體，“迷”與和“迷”的異體“迷”最後一筆也是相似的，“迷”字《偏類碑别字》引《魏鎮北大將軍元思墓志》。

【荒—荒】“荒”字定爲“荒”，語義貼切，字形相似，與常規字形相比，該字形上部有變化，上部類似“羌”的上部，與“荒”相比只是上部有所繁化。荒遠，此指遙遠地區。

“夫古人論奉使以文學則須博洽多聞，以詞命則須婉正得體，然氣自不可不善，蓋内外尊卑勢位殊别，若望風而先餒，與以荒遠自處，簡交寡言，必爲人所鄙薄，而以彝官彝使視之矣。”（第 12 頁）

【鄂—鄂】《北使通録》爲越南使臣所記，書中涉及大量清代官員名字職銜，有一廣西巡撫“鄂大人”難以遽斷，據楊東甫《清代廣西巡撫年表及小傳》，乾隆二十年（1755）十月至乾隆二十六年（1761）二月，鄂寶擔任廣西巡撫，正與黎貴惇出使時間相符。[①] 則是“鄂”爲“鄂”之異體字，台灣地區教育部門異體字字典有類似的字形“鄂”，所據《宋元以來俗字譜・邑部》引自《白袍記》。“鄂”的主要變化爲左上部有三個“口”，《説文》“咢，譁訟也，从吅屰聲”。“咢”，表示譁訟，多一個口可以表達同樣的含義，台灣地區教育部門異體字字典收增一“口”的“咢”字，見《增廣字學舉隅・卷二・正僞》《佛教難字字典・口部》。

“巡撫東西都察院加三級鄂。”（第 37 頁）

“兵部侍郎兼都察院右副都御史巡撫廣西等處地方提督軍務鄂。”（第 108 頁）

“又令托伊查號房以上年鄂大人所還關上牛酒銀子，有咨報本國，乞抄舊槁，伊即以呈撫院，命吏編查不見事跡，遣答謝府官土宜，不受。”（第 269 頁）

四、高度簡省的異寫字

這一部分的異寫字，與通行正字區别較大，有較大部件寫法不同或存在極爲簡省的寫法。

【覌—觀】此字爲“觀”，此形與“觀”差異較大，查草書辭典，未見如此簡省者。根據文義，可以判斷是看、覽之類的意思。

“庚子秋，阮侍講惟絃奉差正使，索覌是編，尋舊簏中得之，漫題數言於篇端。”（第 13 頁）

“伊又取所著讀書記與看，其中大要取毛序與朱子集注、諸家注釋《詩經》参以己意，以出京之日起課，每日讀某詩，共千章，下附評論，亦多可覌。”（第 207 頁）

“予嘉其能學古而欲重有以益之，使覌于古而定于今，抑其長以善下于人，則其所得于史者，將用之而不窮也。”（第 231 頁）

“庙僧室亦整潔，令致供香錢并功德、修覌音閣銀両，犒賞十船銀両。”（第 295 頁）

---

① 楊東甫：《清代廣西巡撫年表及小傳》，《廣西文史》2002 年第 1 期，第 49 頁。

"臣等出致齋所，張元覌再引行傍外大殿。"（第 311 頁）

最後一例記載遊覽北京國子監時，引導參觀的國子監助教張元觀，名字中"觀"一處也寫作"覌"，而上文（第 308 頁）與下文（312 頁）均爲一般的寫法"觀"，因此可以確定該字爲"觀"。又記載乾隆二十六年（1761）十二月初四，曾遊覽廣西横縣伏波廟，捐錢修"覌音閣"，則彼處應是觀音閣。

【⿰犭关—猶】"⿰犭关"字僅一見，我們依據字形、文義判斷爲"猶"。

"要之毛公⿰犭关爲近古，其小序或有傳，未可必其尽不然也。"（第 208 頁）

台灣地區教育部門異體字字典有相關字形"⿰犭关"，出處是《宋元以來俗字譜》引《嶺南逸事》。"⿰犭关"右部應是取"猶"右部"酋"上面的兩點、兩横、一撇、横折，構成"关"形。"⿰犭关"右部"关"形的一撇放平，插到第二横下面，就成了《北使通録》中的"⿰犭关"。

【⿲彳米亍—衛】"⿲彳米亍"在《北使通録》中可以作"衛"的異體。

"五府府僚等謹啓，計兹期奉差陪臣并通事醫士等員名，往北使歲貢告哀等部，預差候命官與武官⿲彳米亍遞貢物往關上，應照發官物告祭沿途廟祠，以昭敬意、濟國事，兹謹啓。"（第 83 頁）

"丁卯年以伊鎮猶存殘破，取京北⿲彳米亍兵代擔貢函，令伊鎮應受使臣行隨抬夫三分之一，存二分併照夫數、日程，量放職色，取錢傭雇。"（第 159 頁）

"今閱是書，條列十二，始於成忠立孝，終於宗誼閫訓中庸五達之道，中則修道閑邪達理⿲彳米亍生以治己，守官從政謙慎酬應以治人，又庶合乎達德九經之義，與李習之定性書相表裏。"（第 339 頁）

經越南友人確認此字確爲"衛"，台灣地區教育部門異體字字典有相關的字形"⿲彳丰亍"，出處爲《碑别字新編》引《趙傳等造象題名》，該字形中間的"韋"簡化爲四横一豎，而"⿲彳米亍"是在此基礎上的進一步簡化，中間部分變爲"米"。此字另用作字喃，意爲回來、以後，見何思源《中國京族喃字漢字對照手册》。

【卛—率】"卛"在《北使通録》中多見，該字形上部似乎是"䜌"的草寫，而揆之文例，卻應是"率"字。

“又教之曰:‘意氣固當豪,有不淫不屈不移底品格,然亦須婉雅,不可使一片粗卒也。’”(第 11 頁)

“仆性本迂疏,于時事不甚通曉,竊觀古人舊事,平心論之,有不能默然者,故卒筆而言,遂致嘵嘵,若試之實用,無一當也。”(第 207 頁)

“伊曰:‘末附相勉一段,欲見鄙意,古人亦多如此,勿嫌粗卒也。’”(第 216 頁)

“從前使臣歸國,道官無有文報,殊爲草卒。”(第 322 頁)

“惟元明之初,邊臣卒多貪功生事,恐或侵軼,聚處一城,坐受攻圍,非良計也。”(第 354 頁)

查《漢魏六朝隋唐五代字形表》第 156 頁唐張去奢墓誌有“卒”,與此形似,中間大幅簡化,左右的兩點均省爲一點,而“幺”變爲一短豎,較之“卒”只是少一短豎。《漢魏六朝碑刻異體字典》第 830 頁“卒”也形似,結構大致相同但筆勢不同。這種字形應是由於草寫形成的簡略寫法。

【弯—轡】“轡”簡化爲“弯”,上部受到了“䜌”的影響。查台灣地區教育部門在線“異體字字典”,“轡”有“⿱䜌黽”“⿱䜌⿱車口”“⿱䜌黽”等異體字形从“䜌”,從“䜌”再變爲“亦”是自然的。

《北使通錄序》:“《説郛》中有《攬弯》、《驂鸞》諸錄,皆前賢紀行之作,南國前輩奉使詩集甚多,惟紀事未有。”(第 7 頁)

查《説郛》卷四一有《驂鸞錄》《攬轡錄》,因此“弯”字爲“轡”應無疑。

另外“茲者泰階光朗,黄道清輝,欣瞻六弯之臨,彌切雙星之仰,不腆方儀,聊當春酒,恭望台禧萬福。”(第 335 頁)所謂“六轡”出自《詩經》,代指車馬。

以上四種分類並非出自同一角度,不會界劃分明。簡寫字形與罕用字同形是結果,其原因可能是多種的;保留輪廓變出形符或聲符,可能是一步到位,也可能是在簡寫的基礎上再變化;筆畫或小部件寫法不同,往往是書寫習慣不同或部件通用;高度簡寫,在字形結構方面沒有大的變化,但簡化幅度很大。

《北使通錄》中的異體字大部分都可以見於中國文獻，如“技”爲“擅”的異體字，《宋元以來俗字譜》引《目連記》；“綉”爲“繡”的異體字，出自《佛教難字字典》；“雝”爲“雍”的異體，《隸辨》引《曹全碑》；“終”爲“纔”的异體，《宋元以來俗字譜》引《通俗小説》等。值得注意的是，《北使通錄》中的異體字見於《宋元以來俗字譜》的很多，而其中《宋元以來俗字譜》引自《嶺南逸事》的又不少，如“刄”爲“兩”的異體、“歯”爲“齒”的異體、“㝎”爲“定”的異體，後兩者《漢語大字典》有收。從整體來看，不考慮喃字，《北使通錄》所反映的異體字面貌與中國大致相同，與中國臨近越南的嶺南地區可能更爲接近，書中有一些字形是當前的異體字字典尚未收錄的，由於當前對於越南文獻的接觸整理仍不太充分，以此書爲代表的越南寫本文獻對於漢字異體字研究應有一定的價值。

參考文獻

［1］陳文《越南科舉制度研究》，北京：商務印書館 2015 年版。

［2］復旦大學文史研究院、越南漢喃研究院《北使通錄》，《越南漢文燕行文獻集成》第四册，上海：復旦大學出版社 2010 年版。

［3］孫曉《大越史記全書》，重慶：西南師範大學出版社 2015 年版。

［4］臺灣地區教育研究院《異體字字典》（正式六版），臺灣地區教育部門 2017 年版。

［5］楊東甫《清代廣西巡撫年表及小傳》，《廣西文史》2002 年第 1 期。